LOVE

Das extradicke MISTER Kläx Witzebuch

SCM

Stiftung Christliche Medien

SCM ist ein Imprint der SCM Verlagsgruppe, die zur Stiftung Christliche Medien gehört, einer gemeinnützigen Stiftung, die sich für die Förderung und Verbreitung christlicher Bücher, Zeitschriften, Filme und Musik einsetzt.

Der vorliegende Band ist ein stark überarbeiteter Doppelband der beiden Bücher: Annemarie Schmidt-Colinet [Hrsg.]/ Das affenstarke Mister Kläx Witzebuch (Bestell-Nr. 226.075) und: Stephanie Heimgartner [Hrsg.]/Das supercoole Mister Kläx Witzebuch (Bestell-Nr. 226.428)

© 2021 SCM Verlag in der SCM Verlagsgruppe GmbH
Max-Eyth-Straße 41 · 71088 Holzgerlingen
Internet: www.scm-verlag.de; E-Mail: info@scm-verlag.de

Gesamtgestaltung: Jörg Peter (www.comiczeichner.de)
Druck und Verarbeitung: GGP Media GmbH, Pößneck
ISBN 978-3-417-28915-2
Bestell-Nr. 228.915

Inhalt

Tierisch witzig

Treffen sich zwei Freundinnen. »Hast du schon gehört, der Hund von Annika kann sprechen?!« – »Ja, mein Hund hat es mir schon erzählt.«

Läuft ein Mann in eine Zoohandlung und fragt den Verkäufer: »KKKann dderrr Paaapppaagei aaauuchh sprrreeechhhen?« Sagt der Papagei: »Ja, natürlich, besser als du.«

Im Pferdestall hängen zwei Schilder. Auf dem ersten Schild steht: »Bitte das Tier nicht füttern! Der Bauer.« Auf dem zweiten Schild steht: »Bitte das obere Schild nicht beachten! Das Pferd.«

Ein Löwe schleicht durch die Steppe. Fauchend brüllt er ein Zebra an: »Wer bin ich?« Zitternd sagt das Zebra: »Der Herr der Wüste.« Der Löwe läuft weiter und trifft eine Antilope: »Wer bin ich?« Schlotternd antwortet sie: »Der König der Tiere.« Schließlich knurrt der Löwe einen Elefanten an: »Wer bin ich?« Der Elefant hebt trompetend seinen Rüssel, packt den Löwen und schleudert ihn durch die Luft. Da meint der Löwe kleinlaut: »Man wird doch wohl noch fragen dürfen ...«

Kommt ein Häschen zum Metzger. Fragt es: »Hattu 95 Gramm Hackfleisch?« Der Metzger: »Ja, dürfen es auch 100 Gramm sein?« Darauf das Häschen: »Spinnst du?! Wer soll denn das alles essen?!«

Zwei Tausendfüßler treffen sich. Sagt der eine zum anderen: »Wo ist eigentlich deine Frau? Die habe ich schon lange nicht mehr gesehen.« Darauf der andere: »Die ist Schuhe kaufen!«

Ingo zu Stefan: »Stell dir vor, mein Hund kann lügen!« – »Glaub ich nicht«, zweifelt Stefan. Ingo: »Kein Problem, ich beweise es dir. Bello, wie macht die Katze?« Bello: »Wau, wau!« Darauf Ingo: »Na siehste!«

»Du, Mister Kläx, sieh mal, warum lässt denn der Hund da seine Zunge raushängen?«, fragt Lukas. – »Ich weiß auch nicht. Vielleicht ist ihm der Kopf zu kurz.«

Ein Häschen kommt in die Bäckerei und fragt den Bäcker: »Hattu hundert Brötchen?« Der Bäcker: »Nein.« Am nächsten Tag kommt das Häschen wieder: »Hattu hundert Brötchen?« Wieder sagt der Bäcker nein, beschließt aber, für den nächsten Tag hundert Brötchen zu backen. Am nächsten Tag das Häschen: »Hattu hundert Brötchen?« Der Bäcker: »Ja!« Das Häschen: »Krieg ich zwei?«

Ein Hai sieht einen Surfer und sagt zu seiner Frau: »Heute hast du mir das Essen aber hübsch serviert, sogar mit Frühstücksbrettchen!«

Auf der Polizeistation klingelt das Telefon: »Kommen Sie sofort. Es geht um Leben und Tod. Hier in der Wohnung ist ein Hund!« –»Wer ist denn am Apparat?« – »Die Katze!«

Die Schneckenmutter zu ihren Kindern: »Geht von der Straße weg! In fünf Stunden kommt der Bus!«

Ein verliebtes Elefantenpärchen geht, einander Rüssel haltend, spazieren. Plötzlich sagt sie zu ihm: »Führst du mich auch nicht an der Nase herum?«

Das Zelt des kleinen Wanderzirkus ist zusammengebrochen. Händeringend steht der Direktor davor und ruft wütend: »Wo ist der Kerl, der unserem Elefanten Niespulver gegeben hat?!«

Elefant und Maus gehen spazieren, als der Elefant der Maus auf den Fuß tritt. Der Elefant entschuldigt sich. Darauf die Maus: »Ist nicht schlimm. Hätte mir auch passieren können.«

Treffen sich zwei Schildkröten. »Wie geht es dir?«, fragt die eine. – »Oh, bestens! Ich arbeite in einem feinen Restaurant.« – »Ist das nicht sehr gefährlich? Was machst du denn da?« – »Eigentlich gar nichts. Die verkaufen nur mein Badewasser als Schildkrötensuppe!«

Das Kamelkind fragt den Kamelvater: »Du, Papi, warum haben wir eigentlich zwei Höcker auf dem Rücken?« Darauf der Kamelvater: »Darin speichern wir Wasser, wenn wir durch die Wüste ziehen.« – »Und warum haben wir lange Wimpern?«, fragt das Kamelkind weiter. – »Damit uns der Wind nicht den Sand in die Augen bläst, wenn wir durch die Wüste ziehen«, antwortet der Kamelvater. Das Kamelkind ist noch nicht fertig mit Fragen: »Und warum haben wir Hufe anstelle von Füßen?« Auch auf diese Frage hat der Kamelvater eine Antwort: »Damit wir nicht im Sand einsinken, wenn wir durch die Wüste ziehen.« Schließlich sagt das Kamelkind: »Und was machen wir dann im Zoo, Papa?«

Stehen ein Schaf und ein Rasenmäher auf einer Wiese. Sagt das Schaf: »Mäh!« Sagt der Rasenmäher: »Du hast mir gar nichts zu befehlen!«

»Na, funktioniert die selbstgebaute Mause-falle?« – »Fantastisch, heute morgen lagen schon wieder drei Mäuse davor, die sich über die Technik totgelacht haben!«

Ein König hatte zwei Papageien, einen roten und einen grünen. Eines Tages flogen beide auf einen Baum. Der König fragte, wer die Papageien vom Baum herunterholen könne. Da meldete sich der dumme Noah. Er kletterte hoch und kam mit dem roten Papagei wieder herunter. Der König fragte: »Wo ist denn der grüne?« – Noah sagte: »Der ist noch nicht reif!«

»Fritzchen, was ist dein Lieblingstier?« – »Schwein … tot, zerhackt, paniert, mit Pommes und Ketchup!«

Sagt der Walfisch zum Tunfisch: »Was soll ich tun, Fisch?« Sagt der Tunfisch zum Walfisch: »Du hast die Wahl, Fisch!«

Fliegt ein Kuckuck übers Meer. Plötzlich sieht er von oben eine Haiflosse. Wenig später taucht auch der Kopf des Haies auf und ruft:»Kuckuck!« Der Kuckuck stutzt, grinst und ruft dann zurück:»Hi!«

Der weitgereiste Tourist erzählt:»Ich bin also wohl-behalten wieder zurück von meiner Indienreise. Das Schönste war eine Tigerjagd!« –»Haben Sie denn Glück gehabt?« –»Ja, es ist mir Gott sei Dank keiner begegnet!«

Kommt eine Schildkröte zur Polizei und sagt:»Ich wurde gestern von einer Schnecke überfallen!« Daraufhin fragt der Polizist:»Wie ist es denn passiert?« Die Schildkrö-te:»Kann ich nicht genau sagen, es ist alles so irrsinnig schnell gegangen!«

12

Ein dickes Pferd trifft ein dünnes und sagt:»Wenn man dich sieht, könnte man meinen, eine Hungersnot sei ausgebrochen.« –»Und wenn man dich sieht«, antwortet das dünne Pferd,»könnte man glauben, du bist schuld daran.«

Treffen sich zwei Hähne. Macht der eine:»Kikeriki.« Macht der andere:»La la.« Fragt der erste:»Wieso machst du la la?« Sagt der andere:»Heutzutage muss man zwei Fremdsprachen können.«

Laurens fragt seine Freundin:»Warum haben man-che Pferde blaue Augen?« –»Damit sie sich besser in Pflaumenbäumen verstecken können!«, antwortet sie.»Wie kommst du darauf? Ich hab noch nie ein Pferd im Pflaumenbaum gesehen.« –»Na, da siehst du mal, wie gut sie sich tarnen können!«

Geht ein Huhn in den Laden und fragt: »Haben Sie große Eierkartons? Ich möchte mit meinen Kindern verreisen.«

Stehen zwei Schafe auf der Wiese. Sagt das eine zum anderen: »Wie frisch die Luft heute ist!« Sagt das andere: »Kein Wunder, die war ja die ganze Nacht draußen.«

Geht ein Mann in eine Tierhandlung und verlangt einen Eisbären. Der Händler hat auch einen vorrätig und sagt: »Der ist sehr zahm und kuschelig. Sie dürfen ihn nur NIEMALS an die Nase fassen!« Zu Hause kommt der Mann erst ganz gut mit dem Eisbären zurecht, bis der Mann eines Tages denkt: »Ich halt's nicht mehr aus! Ich muss ihm an die Nase fassen!« Er tut's und der Eisbär springt mit Gebrüll auf ihn los. Der Mann rennt weg, Treppe rauf, Treppe runter, um den Wohnzimmertisch, um den Küchentisch, der Eisbär ist immer knapp hinter ihm. Schließlich ist der Mann völlig erschöpft, der Eisbär erreicht ihn, haut ihn von hinten mit seiner Pranke auf die Schulter und sagt: »Du bist!«

13

Erzählt Hubert seinem Nachbarn: »Wir haben uns ein Stinktier gekauft! Sein Bett hat es im Schlafzimmer!« – »Und der Gestank?«, fragt der Nachbar. »An den muss es sich halt gewöhnen«, antwortet Hubert.

Das Pferd Amigo büxt seinem Herrn immer wieder aus der Koppel aus. Da lässt der Besitzer den Zaun höher bauen. Doch das Pferd schafft es immer wieder, Reißaus zu nehmen. Der Besitzer lässt den Zaun noch einmal erhöhen. Doch am nächsten Morgen steht das Pferd wieder außerhalb der Weide. Als der Mann den Zaun noch einmal erhöhen lässt, murmelt er: »Mich wundert nur, wie dieses Pferd es schafft, über einen solch hohen Zaun zu springen.« Kommt ein Bauarbeiter hinzu und meint: »Wenn ich Sie wäre, würde ich das Tor endlich mal schließen!«

14

Der Zoodirektor zu seinem Angestellten: »Wie oft soll ich Ihnen noch sagen, dass Sie den Löwenkäfig schließen sollen?« Darauf der Angestellte: »Warum schließen? Es klaut doch niemand einen Löwen!«

Zwei Dackel stehen vor einer Fleischerei. Davor hängt ein Schild mit der Aufschrift »Hunde müssen draußen bleiben«. Fragt der eine Dackel den anderen: »Wollen wir rein gehen?« Sagt der andere Dackel: »Aber da steht doch, dass wir draußen bleiben sollen!« – »Na und? Wissen die denn, dass wir lesen können?«

Eine Maus sitzt im Kino. Genau in dem Moment, als der Hauptfilm beginnt, kommt ein Elefant und setzt sich vor die Maus. Wütend steht sie auf, geht zwei Sitzreihen vor den Elefanten und zischt zurück: »So, jetzt kannst du sehen, wie das ist, wenn sich einer genau vor dich hinsetzt!«

Fuchs und Gans gehen abends durch den Wald. Sagt die Gans: »Huh, ist das schon dunkel. Ich hab' ganz schön Angst!« Sagt der Fuchs: »Und ich erst! Ich muss noch alleine zurück!«

16

Ein Pferd zum anderen: »Ich hab' das ewige Schuften satt. Der Bauer nutzt mich nur aus!« – »Dann schreib' doch an den Tierschutzverein!« – »Bist du verrückt? Wenn der Bauer merkt, dass ich schreiben kann, muss ich auch noch seinen Bürokram machen!«

Mister Kläx entdeckt am Gehege für Zebras ein Schild: »Achtung! Frisch gestrichen.« Staunend sagt er zu Lukas: »Und ich dachte immer, die Streifen wären echt!«

»Wie gerne wäre ich auch einmal Ski fahren gegangen«, klagt der Tausendfüßler. »Aber es ist jedes Jahr das Gleiche: Bis ich die Ski an habe, ist der Winter vorbei!«

Sagt der Tierarzt nach der Elefantenoperation: »So, diesmal haben wir keine Werkzeuge im Elefanten liegen lassen. Aber wo ist eigentlich Schwester Hilde?«

Mutter Fliege geht mit ihrem Kleinsten über eine Glatze. »Wie die Zeit vergeht! Als ich so alt war wie du, war hier nur ein schmaler Fußweg.«

Drei Schildkröten wollen die Wüste durchqueren. Nach sieben Jahren kommen sie endlich an eine Oase. Sie wollen sich schon zum Wasser begeben, da bemerkt die eine Schildkröte aber, dass sie ihre Becher zu Hause vergessen haben. Sie sagt: »Ich hole die Becher. Aber ihr dürft nicht trinken bevor ich zurück bin!« Nach 14 Jahren sagt die eine wartende Schildkröte: »Ich glaube die andere Schildkröte kommt nicht mehr zurück. Komm, wir trinken!« Da bewegt sich etwas hinter einem Busch und eine Stimme sagt: »Wusste ich's doch! Aber eins sage ich euch: Ich gehe nicht, wenn ihr euch nicht an die Abmachung haltet!«

Eine Schildkröte klettert auf einen hohen Baum bis zur Spitze. Oben angekommen, breitet sie alle Viere von sich und springt. Sie schlägt hart auf dem Boden auf. Trotzdem macht sie sich wieder auf den Weg nach oben und springt erneut. Wieder ein sehr harter Aufprall. Sie klettert immer wieder hoch. Auf dem Nachbarbaum beobachten zwei Adler die Schildkröte und meinen zueinander: »Wir sollten ihr langsam mal sagen, dass sie adoptiert ist!«

Frau Meier wirft eine Schnecke vom Balkon hinab. Ein Jahr später klingelt es an Frau Meiers Tür. Vor ihr steht die Schnecke und sagt entrüstet:»Was sollte das denn gerade?«

Im Zoo:»Was wohl der Tiger sagen würde, wenn er sprechen könnte?« –»Ich bin ein Leopard, gute Frau...«

»Komm, lass dir aus dem Wasser helfen. Du wirst sonst ertrinken«, sprach der freundliche Elefant und setzte den Fisch sicher auf einen Baum.

Ein Missionar marschiert durch den Dschungel. Plötzlich steht er einem Löwen gegenüber. Ängstlich beginnt er zu beten. Verwundert schaut ihn der Löwe an, tut dann aber dergleichen. Erleichtert will der Missionar aufstehen, da hört er:»Komm Herr Jesus, sei du unser Gast und segne, was du uns bescheret hast.«

Zwei Katzen sitzen vor einem Vogelkäfig und beobachten den Vogel. Sagt die eine:»Das ist kein Kanarienvogel, der ist ja grün.« Sagt die andere:»Vielleicht ist er noch nicht reif.«

Auf einer Großwildsafari treffen sich zwei Jäger. Fragt der eine:»Was machst du, wenn du im offenen Jeep durch den Busch fährst und dir ein Löwe nachjagt?« –»Ich verwirre ihn einfach! Ich blinke nach rechts, fahre aber nach links!«

Kommt ein Kamel ins Musikgeschäft. Es schaut sich um und sagt dann:»Ich möchte bitte das rote Saxophon und das weiße Akkordeon.« Darauf der Verkäufer:»Den

Feuerlöscher könnte ich ihnen verkaufen, aber die Heizung brauche ich leider noch.«

Die Arche Noah ist zu voll und droht zu sinken. Deshalb halten die Tiere eine Versammlung ab, um zu beschließen, wer die Arche zu verlassen hat. Sie kommen zu einem Entschluss, den sie dem Breitmaulfrosch mitteilen: »Du, wir haben beschlossen, dass das Tier mit dem breitesten Maul die Arche zu verlassen hat.« Darauf der Frosch (beim Erzählen einen Kussmund machend): »Oh! Das arme Krokodil ...«

19

Ein Mann kommt zum Zirkusdirektor: »Ich habe eine sensationelle Nummer!« Dann führt er einen Hund und einen Papagei vor. Der Papagei sitzt auf dem Rücken des Hundes und singt. »Da ist aber ein Trick dabei«, meint der Zirkusdirektor erstaunt. – »Ehrlich gesagt, ja. Der Papagei kann nämlich gar nicht singen. Das macht der Hund!«

Gehen eine Maus und ein Elefant ins Theater. Sie sehen ein Schild, auf dem steht: »PROGRAMM ZWEI EURO«. Da sagt der Elefant: »Lass uns gehen! PRO GRAMM zwei Euro sind mir viel zu teuer!«

Eine Kängurumutter kratzt sich nach Leibeskräften. Dann fährt sie ihr Baby an: »Wie oft habe ich dir schon gesagt, dass du den Zwieback nicht im Bett essen sollst!«

Hanna nimmt Reitunterricht. Der Schimmel setzt sich in Trab. Hanna rutscht aus dem Sattel immer weiter nach hinten. Nun galoppiert das Pferd, und Hanna rutscht weiter bis zum Schweif. Da schreit sie:»Schnell, ein anderes Pferd! Das hier ist zu Ende!«

Ein junger Pinguin sitzt in einem Kängurubeutel und stöhnt:»Mann, ist das heiß!« Zur gleichen Zeit sitzt am Südpol ein Kängurubaby bei einer Pinguinmutter und mault:»Blöder Schüleraustausch!«

Der Direktor des zoologischen Gartens ist verreist. Da erhält er eine E-Mail seines Stellvertreters:»Alle Tiere sind gesund und munter, nur der Schimpanse will nicht fressen und nicht spielen. Er sehnt sich nach einem Gefährten. Was soll man bis zu Ihrer Rückkehr tun?«

20

Der hungrige Tiger begegnet einem Ritter in voller Rüstung und ärgert sich:»Mist, jetzt habe ich meinen Dosenöffner vergessen!«

Die Löwin fragt ihre Jungen:»Warum keucht ihr denn so?« – »Wir haben einen Touristen auf einen Baum gehetzt.« – »Ihr sollt doch nicht mit dem Essen spielen!«

»Schlafen Fische auch?« – »Natürlich, wozu gibt's denn sonst ein Flussbett?«

Zwei Tauben auf dem Dach beobachten, wie ein Düsenjäger mit langem Kondensstreifen über den Himmel zischt. Eine Taube:»Der hat es aber eilig.« Andere Taube:»Was würdest du denn machen, wenn dir der Hintern qualmt?«

»Herr Direktor, unser Löwe kann plötzlich spre-chen!« – »Mist«, ruft der Zirkusunternehmer, »und ich suche seit Stunden nach dem Dompteur!«

Zwei Hunde gehen durch die Wüste. Sagt der eine zum anderen: »Wenn nicht gleich ein Baum kommt, mache ich mir in die Hose.«

Bei einem Zoobesuch sagt die Mutter besorgt zu ihrer kleinen Tochter: »Liebes, geh' sofort von dem Löwen weg!« Meint die Kleine treuherzig: »Wieso Mutti? Ich tue ihm doch gar nichts.«

Sagt die Maus zum Elefanten: »Elefant, komm mal raus aus dem Wasser!« Darauf der Elefant: »Nein, ich schwimme gerade so schön!« – »Bitte, Elefant!« Dem Elefant wird es langsam zu blöd und er kommt raus. Sagt die Maus: »Gut, kannst wieder reingehen. Ich wollte nur sehen, ob du meine Badehose anhast!«

Zwei Regenwurmfrauen gehen spazieren. Da fragt die eine ihre Freundin: »Wo ist heute dein Mann?« – »Der ist beim Angeln.«

Herr Schwarte hat Besuch von einem alten Bekannten. Plötzlich kommt Schwartes Hund ins Zimmer und bittet: »Kannst du mir die Zeitung geben?« Sein Freund ist wie vom Donner gerührt. Schwarte: »Ach was, der alte Angeber kann doch gar nicht lesen! Der guckt sich bloß die Bilder an.«

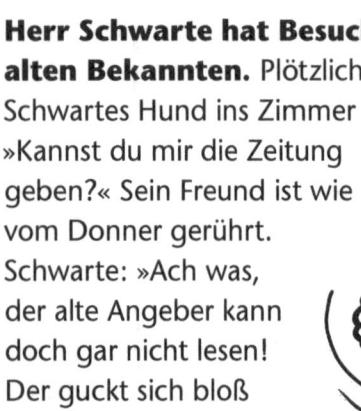

Der Förster hat den Tieren verboten, in den Wald zu machen. Er hat extra ein Dixi-Klo aufgestellt. Doch eines Tages erwischt er den Hasen bei seinem Geschäft und stellt ihn zur Rede. »Sag mal Hase, ich hatte euch doch verboten, in den Wald zu machen. Was soll das?« »Tja«, sagte der Hase, »eines Tages stand ich vor dem Dixi-Klo und der große Bär kam heraus und fragte mich: ›Sag mal fusselst du?‹ ›Nein‹, sagte ich und der Bär fragte wieder: ›Und du fusselst wirklich nicht?‹ ›Nein, wirklich nicht‹, habe ich geantwortet.« »Und was ist dann passiert?«, fragte der Förster. »Dann … dann hat er sich mit mir den Hintern abgewischt.«

Kritisch betrachtet der Affenpapa das Baby. »Nun sei nicht so niedergeschlagen«, sagt die Affenmama. »Alle Neugeborenen sehen zunächst aus wie Menschen.«

Ein Häschen hoppelt durch den Wald. Da trifft es ein Tier und fragt: »Was bist du denn für ein Tier?« – »Ich bin ein Wolfshund. Mein Vater war ein Wolf und meine Mutter

22

ein Hund.« Das Häschen hoppelt weiter. Da trifft es wieder auf ein Tier und fragt:»Was bist denn du?« – »Ich bin ein Ameisenbär.« Da erwidert das Häschen:»Das glaubst du doch wohl selbst nicht!«

Paulchen geht mit seiner Familie in den Zoo. »Was ist denn das für ein Tier?«, fragt er seinen Vater. Der erklärt ihm:»Das ist ein Jaguar.«»Aha«, sagt Paulchen,»und welches Baujahr?«

Ein Adler stürzt vom Himmel und verschlingt eine Feldmaus am Stück. Die krabbelt bis zum Ende durch und fragt:»Wie hoch fliegen wir?« Der Adler:»Ungefähr 1000 Meter.« – »So hoch? Mach bloß keinen Scheiß…«

Ronny und Angelo wollen sich weltmännisch geben und sich Krokodillederschuhe zulegen. Im Schuhgeschäft erfahren sie allerdings, dass solche Schuhe ab 300 Euro aufwärts kosten.»Ach«, meint Ronny, »so teuer? Da weiß ich was Besseres. Angelo, wir fahren nach Afrika und gehen auf Krokodiljagd.«
Zwei Wochen später stehen die beiden am Ufer des oberen Nils. Während Ronny ins Wasser watet, um die Krokodile anzulocken, wartet Angelo am Ufer. Mit einem dicken Knüppel erledigt er die Krokodile, nachdem sie Ronny verfolgt haben und aus dem Wasser gekommen sind.
Auf diese Art und Weise haben sie schon sieben Krokodile erlegt. Soeben hetzt Ronny ans Ufer, ein Krokodil dicht hinter ihm. Mit kräftigem Schlag auf den Kopf wird es von Angelo ins Jenseits befördert. Ronny betrachtet die toten Tiere und meint erschöpft:»Wenn das nächste auch wieder keine Schuhe anhat, fahren wir aber heim.«

Zwei Hunde beobachten Straßenarbeiter beim Aufstellen einer neuen Laterne. »Komm«, sagt der eine zum anderen, »das muss begossen werden!«

Zwei Hunde vom Lande kommen zum ersten Mal in eine Großstadt. Erstaunt betrachten sie die Parkuhren. »Was das wohl ist?«, bellt der eine. Darauf der andere: »Ganz klar, die verlangen hier eine Klo-Gebühr!«

Herr Huber möchte in Urlaub fahren und bittet einen Nachbarn, solange seinen Gorilla zu füttern. Das Tier hat im Keller einen großen Käfig. Herr Huber erklärt: »Aber du darfst NIE, niemals, den Affen auf die linke Schulter tippen!« Der Nachbar verspricht: »Ja klar, mach' ich nicht.« In der ersten Woche läuft noch alles perfekt, in der zweiten Woche kommt der Nachbar wieder beim Affen vorbei, um ihn zu füttern. Als er dem Tier eine Banane gibt, berührt er versehentlich ganz kurz die linke Schulter des Affen. Dieser beginnt aufgeregt hin und her zu springen, bildet Schaum vor dem Mund und bekommt ganz rote Augen. Er zerschlägt den Käfig und rennt dem flüchtenden Nachbarn hinterher. Der Mann rennt um sein Leben, der Affe hinterher. Als er den Mann eingeholt hat, holt er aus, tippt ihn auf die linke Schulter und sagt: »Du bist!«

24

Zwei Hunde nehmen im neu eröffneten Tierrestaurant Platz und studieren die Speisekarte. Fragt der Ober: »Die Herrschaften wünschen?« – »Bitte zweimal Bellkartoffeln.«

Zwei Bauern am Stammtisch: »Ich hab' letzte Woche alle meine Tiere markieren müssen. Mit einem Ring im linken Ohr. Sauarbeit, sag' ich dir.« – »Kann ich mir denken! Die ganzen Kühe, Schweine, Schafe...« – »Ja, aber das Schlimmste waren die Bienen.«

Gehen zwei Eisbären in der Wüste spazieren. Sagt der eine: »Hier muss es aber glatt sein!« – »Wie kommst du denn darauf?« – »Na, siehst du denn nicht, wie die hier gestreut haben?!?«

25

Kommt ein kleines Mädchen in die Zoohandlung. Sie lächelt den Zoohändler an und sagt: »Ich möchte gern ein Kaninchen.« Sagt der Zoohändler: »Möchtest du dieses kleine, süße braune mit den großen Augen oder dieses wuschelige, flauschige weiße Kaninchen?« – »Ich denke, das ist meiner Schlange egal ...«

Schauen zwei Mäuse einer Fledermaus beim Fliegen zu. Sagt die eine: »Später werde ich auch mal Pilot!«

Krabbelt eine Ameise über eine bayrische Almwiese. Da fällt genau auf sie ein großer Kuhfladen. Nach drei Stunden Mühe krabbelt sie wieder ans Tageslicht: »So ein Mist, genau auf's Auge!«

Die Holzwurmmutter sagt: »Kinder, es ist schon spät! Ab ins Brettchen!«

Ein Autofahrer überfährt ein Huhn. Pflichtbewusst hält er an, hebt das tote Huhn auf, geht zum Bauernhof, der neben der Straße liegt, und läutet:»Entschuldigen Sie, ich habe gerade eines Ihrer Hühner überfahren.« Der Bauer sieht sich das Huhn genau an und sagt:»Das kann keines von unseren sein, unsere sind nicht so flach.«

Elefant und Mäuschen gehen über eine Brücke. Meint der Elefant:»Das dröhnt aber, was?« Sagt das Mäuschen darauf:»Kein Wunder. Ich habe heute meine schweren Stiefel an.«

»Ich wollte meinen Dackel so erziehen, dass er bellt, wenn er sein Fressen haben will. Über hundert Mal habe ich es ihm nun schon vorgemacht!« – »Und? Bellt er jetzt, wenn er Hunger hat?« – »Nein, aber nun frisst er nichts mehr, wenn ich nicht vorher belle.«

Anna ist mit ihrer Mutter im Zoo. Zur Erheiterung der anderen Besucher ruft sie:»Guck mal, Mama! Der Affe da sieht aus wie Onkel Kurt!«»Psst! Nicht so laut«, zischelt die Mutter und wird ganz rot im Gesicht. »Och, Mama, lass doch«, sagt Anna,»der Affe versteht das doch überhaupt nicht!«

Fragt ein Tausendfüßler den anderen: »Sag mal, deine Frau schwankt so, ist sie betrunken?« – »Nein, sie musste heute unbedingt hochhackige Schuhe anziehen!«

Zwei Schnecken gehen über die Landstraße. Da sagt die eine zur anderen:»Schalte einen Gang runter! Da vorne ist eine Radarfalle.«

Verzweifelt kniet der Dompteur mit dem erloschenen Feuerring vor dem Löwen: »Oh, nein! Springen sollst du – nicht pusten!«

Zwei Mäuse sitzen nachts am Fenster. Eine Fledermaus fliegt vorbei. Sagt die eine Maus: »Schau mal, ein Engel!«

Herr Merk sitzt mit seinem Hund am Tisch und spielt Poker. »Das ist ja toll!«, meint sein Freund. »So toll ist es nicht«, sagt Herr Merk, »Er kann sich nämlich nicht beherrschen. Immer wenn er ein gutes Blatt hat, wedelt er mit dem Schwanz.«

27

Kunde im Sportgeschäft: »Ich habe ein Pferd geerbt und brauche jetzt eine passende Hose. Führen Sie so etwas?« – »Selbstverständlich. Welche Größe hat denn Ihr Pferd?«

Ein Zauberer, der an einer Kreuzfahrt als Unterhalter teilnimmt, hat einen Papagei mitgebracht, der ihm jede Nummer verpatzt. »Karte steckt im Ärmel!« krächzt er vor dem versammelten Publikum. Oder: »Karte steckt in der Tasche!« Eines Tages gibt es eine Explosion, und das Schiff geht unter. Zauberer und Papagei retten sich auf eine Planke. Drei Tage treiben sie im Meer, und drei Tage lang starrt der Papagei den Zauberer an. Endlich sagt der Papagei: »Gut, ich gebe auf. Wie hast du das Schiff verschwinden lassen?«

Eine Fliege fliegt haarscharf an einem Spinnennetz vorbei. Da ruft die Spinne ärgerlich:»Grr, morgen erwische ich dich!« Darauf die Fliege:»Denkste, ich bin eine Eintagsfliege!«

Der Hahn rollt ein Straußenei in den Hühnerstall, dann ruft er alle Hennen zusammen:»Meine Damen, meine Damen, Sie sollten einmal sehen, wie anderswo gearbeitet wird!«

Paul und Paula stehen vor dem Giraffengehege im Zoo. Paul denkt nach und meint:»Glaubst du, dass sich Giraffen auch erkälten, wenn sie nasse Füße haben?«»Ich glaube schon«, antwortet Paula,»aber den Schnupfen bekommen sie erst ein paar Tage später.«

28

Kommt ein Hund zum Arbeitsamt und fragt nach einer Arbeit. »Bei Ihrem seltenen Talent«, sagt die Angestellte,»werden wir sicher in einem Zirkus etwas für Sie finden.« Da sagt der Hund:»In einem Zirkus? Was will denn der Zirkus mit einem Klempner anfangen?«

Eine Schlange hat Bauchweh. Sie jammert:»Ich hätte den Mann ohne das Fahrrad fressen sollen!«

»Mein Hund ist einfach toll. Jeden Morgen bringt er mir die Zeitung ans Bett.« – »Das ist ja super!« – »Ja, und ich habe noch nicht mal eine Zeitung abonniert!«

»Mami, gehören wir zu den Giftschlangen?«, fragt die kleine Schlange. – »Nein, warum?« – »Dann ist alles okay. Ich hab' mir nämlich gerade auf die Zunge gebissen.«

Eine Schildkröte läuft durch die Wüste. Plötzlich sagt sie: »Neeeeeee, neeeeeeee, neeeeeeeee, soviel Sand und keine Schaufel.«

Zwei Nilpferde betrachten lange ein Zebra. »Die Modeschöpfer haben Recht«, meint das eine, »Streifen machen wirklich schlanker!«

Eine Schnecke beginnt mitten im Winter damit, einen Baum zu besteigen. »Was willst du denn mitten im Winter auf dem Kirschbaum?«, fragt der Vogel überrascht. – »Kirschen essen.« – »Aber es sind noch gar keine dran.« – »Wenn ich oben bin, schon!«

29

Zu Hause steppt der Bär

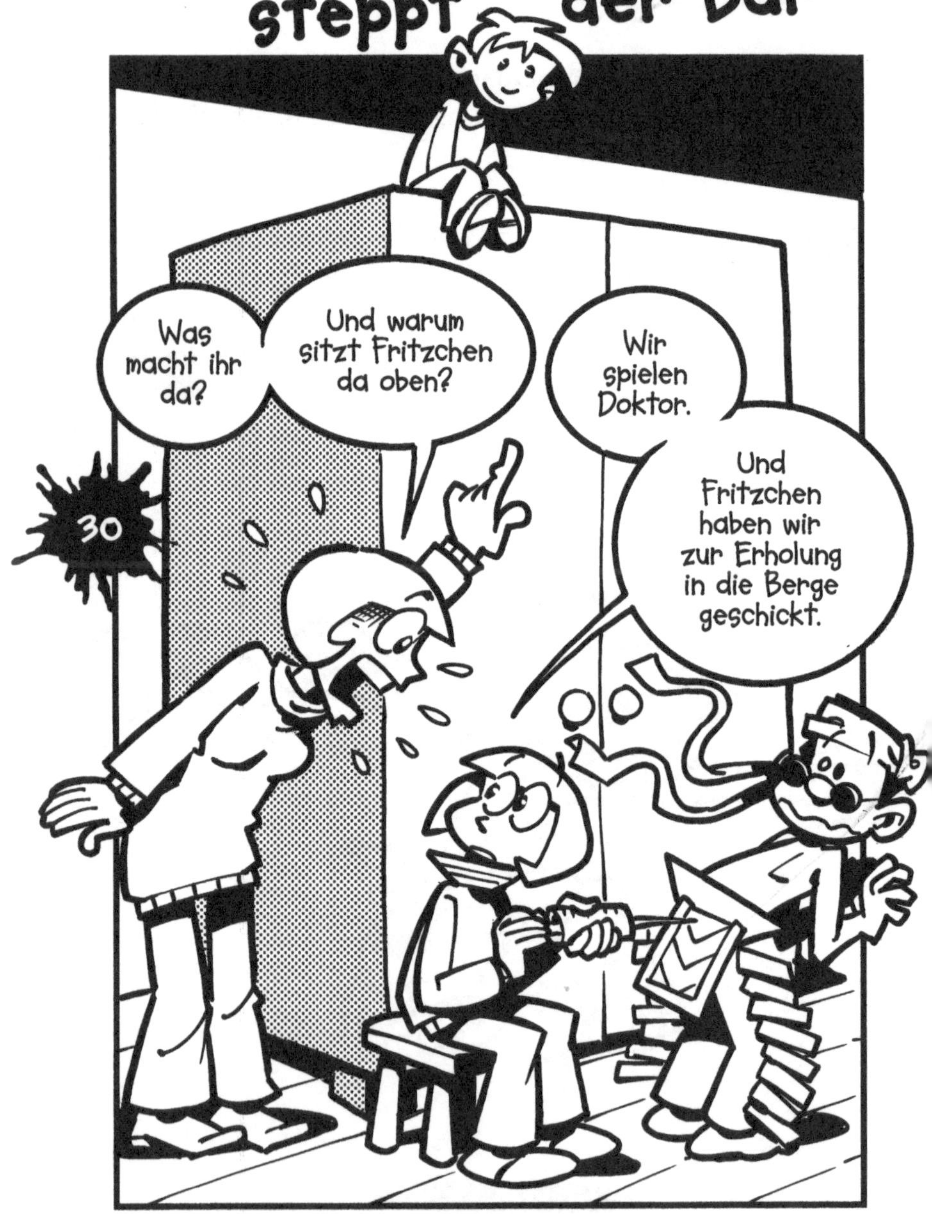

Mama singt Amelie ein Schlaflied vor. Nach einer Weile sagt Amelie:»Mami, kannst du bitte draußen weitersingen, ich möchte gerne schlafen.«

Fritz kann Spinat nicht leiden, darum schlägt die Mutter ein Spiel vor. Sie sagt:»Stell dir vor, du wärst ein Bus und jeder Löffel ist ein Fahrgast.« Die Mutter füttert ihn. Plötzlich spuckt Fritz alles wieder aus und ruft:»Endstation, alle aussteigen!«

»Vorgestern haben wir unsere neue Küchenmaschine zum ersten Mal benutzt und damit Tomaten in ganz kleine Stücke gehackt!« –»Und gestern?« –»Gestern haben wir zum ersten Mal Tomatenketchup hergestellt!« –»Und heute?« –»Heute haben wir unsere Küche neu gestrichen!«

31

Der Sohn kommt nach Hause:»Mami, ich bin in eine Pfütze gefallen.« –»Mit deinen guten Sachen?« –»Ja, es war leider keine Zeit mehr, mich umzuziehen.«

Die Mutter belehrt ihren Sohn:»Maul sagt man nicht, das ist ein hässliches Wort. Es heißt Mund!« Nach einer Weile kommt der Kleine aus dem Garten:»Mami, Mami, Papi hat einen Mundwurf ausgegraben!«

Der Vierjährige Tom hat noch nie ein Wort gesprochen. Eines Tages sagt er am Mittagstisch:»Es fehlt Salz in der Suppe.« Verwundert sagt seine Mutter:»Du kannst ja sprechen! Warum hast du denn bisher nie was gesagt?« Darauf Tom:»Warum sollte ich? Bis jetzt war das Essen doch in Ordnung.«

Kind: »Papi, Papi, dahinten steht eine Woge!« Vater: »Das heißt Waage!« Kind: »Sollen wir uns mal waagen?« Vater: »Das heißt wiegen!« Kind: »So, jetzt haben wir uns gewiegt!« Vater: »Das heißt gewogen!« Kind: »Sag ich ja, dahinten steht eine Woge!«

Damit Laras Zähne endlich begradigt werden, bekommt sie eine Zahnspange verpasst. Der kleine Bruder, ein Raufbold, ist neidisch und meint: »Nix in den Fäusten, keine Kämpfe, aber mit einer Stoßstange rumlaufen.«

Beim Mittagessen sagt Johanna zu ihrer Mutter: »Jetzt habe ich die Möhren genau 18 mal gekaut, Mama!« »Das ist sehr brav«, sagt die Mutter. Johanna zieht ein Gesicht und fragt dann weinerlich: »Und was soll ich jetzt damit machen?«

»Wir werden unser Kind nach seinem Großvater benennen.« – »Bist du verrückt?! Das Kind kann doch nicht ›Opa‹ heißen!«

Der Vater zu seiner kleinen Tochter: »Wenn du viel Geld hättest, was würdest du dir dann kaufen?« – »Ein weißes Kleid, einen weißen Mantel, weiße Schuhe und Strümpfe.« – »Und dann?« – »Schmeiße ich mich in eine Pfütze.«

Peter kommt weinend nach Hause: »Papi, der Kiosk hat mit seiner Scheibe meinen Ball kaputt gemacht.«

Die kleine Frieda verbringt ein paar Ferientage bei ihrer Oma. Am ersten Abend will sie sich ungewaschen ins Bett stehlen, doch die Großmutter ertappt sie: »Du musst dich doch waschen, Kind! Schau mich an, ich habe mich mein Leben lang immer ordentlich gewaschen.« Frieda antwortet: »Ja, und jetzt hast du ganz viele Falten und Runzeln im Gesicht.«

Noah kommt freudig nach Hause: »Mami, heute hab ich zwei Eistüten gratis gekriegt!« Meint die Mutter: »Hast du sie etwa geklaut?« Darauf antwortet Noah: »Nö, ich hab' ein Eis in der linken und ein Eis in der rechten Hand gehalten und zu der Verkäuferin gesagt: Nehmen Sie bitte fünf Euro aus meiner Hosentasche, aber zerdrücken Sie bitte meine Frösche nicht!«

Lina: »Meine Eltern kaufen nur das graue Klopapier, weil das schon mal benutzt wurde und gut für die Umwelt ist.«

33

»Mutti, sag mal, stimmt das, dass der Mensch nach dem Tod wieder zu Staub zerfällt?« – »Ja, sicher.« – »Dann ist unter meinem Bett einer gestorben!«

»Ich habe heute gleich vier Hufeisen gefunden«, erzählt Raphael stolz daheim, »weißt du, was das heißt, Mutti?« – »Sicher, Junge. Irgendwo da draußen läuft jetzt ein Pferd barfuß herum!«

Frau Weiss liest ihrem Mann aus der Zeitung vor: »In der Küche passieren die meisten Unfälle.« »Ich weiß«, entgegnet ihr Mann, »ich muss sie ja alle essen!«

Eine junge Mutter sitzt mit ihrem fünf Tage alten Baby im Zugabteil. Nachdem ein alter Mann Mutter und Kind eine Zeitlang gemustert hat, krächzt er plötzlich: »Sie haben aber ein hässliches Kind, das sieht ja aus wie ein Affe!« Die junge Mutter bricht sofort in Tränen aus. Da betritt der Fahrdienstleiter das Abteil und versucht zu trösten. »Nun kommen Sie, junge Frau, jetzt trinken wir im Speisewagen eine schöne Tasse Kaffee auf meine Kosten, und für den kleinen Affen kaufe ich Ihnen eine Banane!«

Henry hat endlich alle Weihnachtsgeschenke ausgepackt. Sagt seine Frau: »Probier doch mal die Socken an, die ich dir gestrickt habe!« Er probiert. – »Nun, passen sie?« – »Schon, nur unter den Achseln drücken sie ein wenig!«

WIE PEINLICH!

34

Die unverheiratete Tante kommt zu Besuch: »Du, Tante, hast du keine Kinder?« – »Nein, mein Junge.« – »Wann kriegst du denn welche?« – »Ich bekomme gar keine Kinder.« »Siehst du«, erläutert der Dreikäsehoch seiner Schwester, »ich hatte also doch Recht. Sie ist ein Männchen!«

Die Mutter tröstet ihren Sprössling: »Na, wer wird denn weinen. Was ist denn passiert?« Schluchzt der Kleine: »Der Papi hat sich mit dem Hammer böse auf den Daumen gehauen.« Wundert sich die Mutter: »Deswegen brauchst du doch nicht zu heulen!« – »Zuerst hab ich ja auch gelacht.«

Lina fragt ihre Mutter: »Stimmt es, dass Schafe nicht sehr gescheit sind?« – »Ja, mein Schäfchen!«

Oma sagt zu Fritzchen: »Geh bitte zum Bäcker und kaufe Brötchen.« Er geht ... Die Oma wartet eine Stunde, zwei Stunden. Dann macht sie sich Sorgen. Sie geht vor die Haustür und sieht Fritzchen auf der Treppe sitzen. Die Oma fragt: »Warum sitzt du da?« Fritzchen: »Die Welt dreht sich doch und deshalb wollte ich warten, bis der Bäcker vor dem Haus ist.«

35

Hochzeitsessen im Luxushotel: Dem kleinen Felix fällt auf, dass alle Gäste gut essen und trinken, aber keiner zahlt. Er fragt seinen Vater: »Wer zahlt das alles?« – »Die Mutter der Braut, die Frau da drüben.« »Ach«, meint der Kleine verständnisvoll, »deshalb hat sie vorhin bei der Trauung so geweint!«

»Toll, du warst ja schon nach zehn Minuten am Telefon fertig!«, lobt der Mann seine Frau. »Wer war denn dran?« »Da hat sich jemand verwählt«, erwidert die Gattin.

»Du darfst noch nicht mit dem Hammer spielen. Da kannst du dir nämlich ganz leicht auf die Finger hauen«, ermahnt die Mutter ihren Kleinsten. »Den Nagel muss ja immer Sofie halten!«

Auf der Party der Müllers: »Liebling, willst du nicht unseren Gästen was vorsingen?« – »Aber unsere Gäste gehen doch schon.« – »Ja, aber nicht schnell genug!«

Die Mutter fragt ihren Sohn: »Was hättest du denn lieber? Ein Brüderchen oder ein Schwesterchen?« – »Also, wenn du mich schon fragst, und wenn es dir nicht so viel Mühe macht – am liebsten hätte ich ein Schlagzeug.«

Emilia fingert aufgeregt an einem Wollknäuel herum. Ihr Bruder schaut ihr zu und grinst dabei schadenfroh. »Du suchst wahrscheinlich das Ende, nehme ich an«, sagt er. – »Ja.« – »Da kannst du lange suchen. Das habe ich nämlich abgeschnitten!«

36 Die kleine Julia ist mit ihrer Oma in der Kirche. Nach dem Halleluja fragt sie: »Ob mich der Pfarrer kennt?« – »Wieso?« – »Hast du denn nicht zugehört? Er sang doch eben: ›Hallo, Julia!‹«

Frieda ist wieder einmal furchtbar sauer auf ihren Bruder Moritz. Sie schimpft: »Du musst ein kleines Tier in deinem Kopf haben, das deinen Verstand langsam aber sicher auffrisst!« »Pah!«, entgegnet Moritz in aller Ruhe, »bei dir wäre das arme Tier schon längst verhungert!«

»Papi, stimmt es, dass es Radarfallen gibt?« – »Selbstverständlich, mein Kind.« – »Und wie fängt man einen Radar?«

Der glückliche Vater schreibt seiner Schwiegermutter schnell eine WhatsApp: »Heute früh Zwillinge bekommen! Morgen mehr. Dein Schwiegersohn.«

Jan schaut immer zu, wie sein kleines Brüderchen frisch gewickelt und gepudert wird. Einmal vergisst die Mutter das Pudern. »Halt!«, ruft Jan, »du hast vergessen, ihn zu salzen!«

Die kleine Lina legt abends ihre Puppen ins Bett: »Aber die sind ja noch gar nicht gewaschen«, merkt die Mutter an. »Ich weiß«, meint Lina trotzig, »das brauchen sie auch nicht zu sein. Meine Kinder sollen es mal besser haben als ich!«

37

»Till«, ruft die Mutter ins Bad, »schau doch bitte mal nach, wie viel Zahnpasta noch in der Tube ist!« Eine Weile herrscht Stille. Dann hört man Till rufen »Es reicht genau von der Badewanne bis zum Wohnzimmerschrank!«

Amelie muss ins Bett. »Darf ich noch lesen, bis ich einschlafe?«, fragt sie. Die Mutter: »Ja, aber keine Minute länger!«

Vater: »In Italien ist ein Vulkan ausgebrochen.« Lukas: »Hoffentlich fangen sie ihn bald wieder ein!«

Die kleine Mathilda kommt mit klatschnassen Haaren ins Zimmer. Tadelt der Vater: »Ist es denn unbedingt nötig, dass du deinen Fischen einen Gutenachtkuss gibst?«

Papa: »Was ist los, Lukas? Du badest ja heute ohne Wasser!« – »Ja, ich hab's furchtbar eilig und keine Zeit zum Abtrocknen.«

Die Familie hat eine neue Wohnung. Stolz erklärt die Kleinste: »Ich hab' ein eigenes Zimmer, mein Bruder hat eines und meine Schwester hat auch eines. Nur der Vati, der muss wieder bei der Mutti schlafen...«

Die kleine Julia darf ihre Mutter zum Friseur begleiten. Im Laden sieht sie, auf Holzköpfen aufgesteckt, zum ersten Mal in ihrem Leben Perücken. Zu ihrer Mama: »Guck mal, die haben hier Haare ohne Leute!«

Eva: »Mami, was war in der Spraydose?« – »Extra-Super-Kleber!« – »Ach so, deshalb kriege ich die Mütze nicht mehr runter...«

»Mami, weshalb ist der Gurkensalat so stachelig?« – »Weil Kakteen im Moment so billig sind!«

»Du Papa, wächst du eigentlich immer noch?« – »Wieso denn, Lukas?« – »Dein Kopf kommt ja schon oben aus den Haaren heraus.«

Fritzchen fragt seine Mutter: »Können Herrenregenschirme und Damenregenschirme Kinder kriegen?« – »Nein!« – »Und wo kommen dann die Knirpse her?«

»Mama, ist noch nicht bald Mittag?«, ruft Daniel durch die offene Küchentüre. »Das ist noch fast eine Stunde hin«, antwortet die Mutter. »Na, sowas!«, wundert sich Daniel. »Da geht mein Magen heute ganz schön vor!«

Tante Gisela kommt zu Besuch und hat eine faustgroße Brosche an ihrer Brust. »Sag mal«, fragt Hänschen neugierig, »warum hast du denn den Rückstrahler vorne und nicht hinten?«

Zwei Kinder vor der Toilette: »Ich geh' da nich' rein, da in der Ecke steht ein Igel!« – »Das ist doch kein Igel, das ist die Klobürste!« – »Wir ham' so was nich', wir nehm' Papier...«

Vanessa entdeckt an den Schläfen ihres Vaters die ersten weißen Haare: »Papa, du fängst schon an zu schimmeln!«

Im Wohnzimmer scheppert es. Eine Sekunde darauf erscheint Klein Gustav in der Küche. »Mami«, sagt er kleinlaut, »was würdest du mit jemandem machen, der die Vase umgeworfen hat?« – »Ich würde ihn ausschimpfen und eine Woche Fernsehverbot erteilen!« – »Das wird lustig«, sagt Klein Gustav. »Die Vase hat nämlich Papa zerbrochen!«

»Mami, ich habe ein Gebiss!« – »Woher hast du das denn?« – »Von Opa.« – »Und was hat der dazu gesagt?« – »Bib mir fofort mein Bebif bieber!«

Der kleine Max schlägt sein Märchenbuch zu und fragt seinen Vater: »Papi, sind Könige nun eigentlich gut oder schlecht?« »Das kommt darauf an«, antwortet der Vater. »Asse sind jedenfalls besser.«

Claus zu Enno: »Wieso schüttest du immer Wasser über deinen Computer?« – »Weil ich im Internet surfen will!«

»Was willst du denn mit dem Regenwurm in deinem Zimmer?«, fragt der Vater seinen Sohn. »Wir haben draußen zusammen gespielt, und jetzt will ich ihm mein Zimmer zeigen!«

VOLL LUSTIG!

Die kleine Ida fragt ihren Vater: »Papa, warst du wirklich mal so klein wie ich?« »Aber natürlich«, sagt der Vater, »ganz genauso klein!« »Da musst du aber lustig ausgesehen haben mit deinem dicken Bauch und der Glatze!«

Lukas: »Du, Papa, wo ist der Mount Everest?« – »Keine Ahnung! Frag Mama, die räumt immer alles auf!«

Sagt ein Vater zu seiner Tochter: »Du, hör mal, du bekommst bald ein Brüderchen.« Sagt die Tochter: »Oh, das ist ja super! Weiß Mama schon was davon?«

Hannahs Großmutter ist gestorben. Die Mutter will es ihr schonend beibringen: »Du, Hannah, unsere Omi ist auf die letzte Reise gegangen.« – »Wo ist sie denn hingefahren?« – »Dorthin, wo wir alle einmal hinfahren müssen, mein Kind.« – »Ach ja, ich weiß schon – nach Mallorca.«

»Wie viele Fische, sagtest du, hast du letzten Samstag gefangen?«, fragt eine Frau ihren Mann, während sie die Post durchsieht. – »Mit sechs schönen Exemplaren bin ich nach Hause gekommen. Wieso fragst du?« »Dachte ich's mir doch«, erwidert sie, »im Fischgeschäft haben sie einen Fehler gemacht und dir eine Rechnung über acht geschickt.«

»Aber Junge, wo warst du denn die ganze Zeit?« – »Ich habe Briefträger gespielt und den ganzen Häuserblock mit Post versorgt.« – »Ach so … ja, aber woher hattest du denn die vielen Briefe?« – »Aus deinem Nachttisch, die mit den rosa Schleifchen.«

Sagt die Mutter zum Sohn: »Einen Wortschatz hast du, seit du in der Schule bist! Zwei Ausdrücke will ich ab sofort nicht mehr hören, der eine ist ›saublöd‹, und der andere ›zum Kotzen‹!« »Okay, Mami«, meint der Sprössling, »und welches sind die beiden Ausdrücke?«

Lukas sagt zu Amelie: »Du, ich schaffe das neue Puzzle in fünf Tagen.« Fragt sie: »Was ist denn daran so toll?« Meint Lukas: »Auf der Verpackung steht: fünf bis sechs Jahre!«

Sebastian hat sich fürchterlich die Knie aufgeschlagen. Die Mutter tröstet:»Der liebe Gott wird das ganz schnell heilen.« Darauf der Kleine:»Kommt er runter, oder muss ich zu ihm rauf?«

Jan ist mit Julia im Schwimmbad. Da er zu faul ist, die Tasche nach Hause zu tragen, schreibt er einen Zettel:»Nimm bitte die Tasche mit, ich hab sie vergessen!« Julia schreibt darunter:»Nimm die Tasche selbst mit, ich hab den Zettel nicht gesehen!«

Eines Abends badet der Papa seinen kleinen Sohn. Als er fertig ist, sagt er stolz:»Das haben wir auch ohne Mutti geschafft!« – »Ja, schon«, antwortet der Junge zögernd, »aber Mutti zieht mir vor dem Baden die Schuhe aus!«

Klein Lena kommt in einen Geschenkeladen. Sie zupft einer Verkäuferin am Ärmel und sagt:»Ich suche für meine Mutter ein Geschenk, eine schöne Keksdose.« Die Verkäuferin zeigt ihr eine Auswahl besonders hübscher Dosen.»Na ja, eigentlich ist egal, was drauf ist«, meint Lena, »nur der Deckel sollte leise auf- und zugehen!«

»Sind Sie noch verlobt?« – »Nein, schon seit Monaten nicht mehr.« – »Das freut mich aber für Sie, Ihre Braut war ja ein widerlicher Besen. Wie sind Sie die alte Gurke denn losgeworden?« – »Ich habe sie geheiratet.«

»Warum hast du denn so einen dicken Bauch?«, fragt Nele ihre Tante. – »Da ist ein Baby drin.« – »Hast du das Baby gern?« – »Ja, sehr!« – »Aber warum hast du es dann aufgegessen?«

Der kleine Jan ist mit seiner Oma unterwegs. Sie fahren gerade Straßenbahn, als Jan ganz laut ruft:»Oma! Ich muss pinkeln!«»Psst«, sagt die Oma. Ihr ist die Sache furchtbar peinlich. Bei der nächsten Station steigen sie aus und Jan geht in einem Kaufhaus aufs Klo.»Und wenn du das nächste Mal musst«, sagt die Oma,»dann sag einfach ‚Ich muss singen!', dann weiß ich, was du meinst.« Jan ist einverstanden und nickt. Am Abend, als er schon im Bett liegt, muss Jan wieder aufs Klo.»Mama, ich muss singen!«, ruft er. »Aber doch nicht jetzt in der Nacht«, meint die Mutter.»Doch, ich muss aber singen!«»Also gut«, antwortet die Mutter nach einer Weile,»dann sing mir halt was ins Ohr!«

»Tante Vanessa, ich glaube, ich kriege jetzt bald ein Brüderchen«, sagt Tobi.»Wie kommst du denn darauf?«, fragt Tante Vanessa.»Neulich haben mir alle erzählt, dass Mama krank sei, und dann habe ich ein Schwesterchen bekommen. Und jetzt ist Papa krank.«

Die Mutter bringt ihre Zwillinge ins Bett. Einer von beiden lacht und lacht und lacht. Fragt ihn die Mutter: »Martin, worüber lachst du denn so?« Martin kichert: »Mutti, du hast den Moritz heute zweimal gebadet und mich gar nicht.«

Am Sonntagnachmittag: Tante Frieda ist zu Besuch. Bei Tisch sitzt die kleine Marie eine Zeit lang ruhig da und starrt die Tante an. Dann steht sie auf, geht zur Tante und leckt mit der Zunge an ihrem Kleid. Ungehalten springt Tante Frieda auf. Marie aber sagt ganz ruhig:»Mama hat recht. Das Kleid ist vollkommen geschmacklos!«

Sagt ein Vater zu seinem Sohn:»Du bist ein Ferkel! Weißt du überhaupt, was das ist?« Meint der Sohn:»Natürlich, Papa. Das ist der Sohn von einem Schwein!«

»Wusstest du, dass Mädchen klüger sind als Jungen?«, fragt Lisa ihren Bruder.»Nein«, antwortet dieser.»Da siehst du es«, grinst Lisa.

Franz schleppt einen Schrank.»Wo ist denn Ben?«, fragt der Vater.»Ich dachte, er hilft dir?« »Macht er ja auch«, ächzt Franz.»Er sitzt im Schrank und trägt die Kleiderbügel.«

»Mama«, beschwert sich Joshua bei seiner Mutter über seinen Bruder,»der Simon hat mich wehgetan!«»Er hat mir wehgetan«, verbessert ihn die Mutter. Daraufhin fragt Joshua erstaunt:»Was – dich auch?«

»Ich war schon als Kleinkind sehr intelligent und konnte bereits mit zehn Monaten laufen«, gibt Erwin an. »Das nennst du intelligent?«, lacht Vincent.»Ich habe mich mit drei Jahren noch tragen lassen!«

Sofie hat ihr Sparschwein kaputt gemacht. Sie ist enttäuscht und ruft:»Mama, das Schwein hat gar nichts gespart!«

Hanni holt Oma zu Hause ab. Als sie vor dem Auto stehen, bittet Oma: »Hanni, stellst du mir bitte den Sitz vor?« Hanni: »Klar Oma: Sitz, das ist Oma; Oma, das ist Sitz!«

»Hast du dich verschluckt?«, fragt der Vater den kleinen Basti beim Abendessen. Basti fasst sich an die Nase. »Nein. Wieso? Ich bin doch noch da!«

Eine Mutter hatte ihren halbwüchsigen Sohn zum ersten Mal für längere Zeit alleine zu Hause gelassen und machte sich Gedanken, ob er auch ordentlich essen würde. So fragte sie ihn nach ein paar Tagen am Telefon: »Hast du auch öfter mal was Grünes gegessen, Junge?« – »Nur das Brot!«

45

Der Ehemann: »**Ich hätte gerne ein schönes Pferd für meine Frau!**« – »Tut mir leid, wir machen keine Tauschgeschäfte!«

Die Lehrerin fragt Ole, was sein Vater von Beruf ist. »Er ist Zauberer«, sagt der Junge. »Sein bester Trick ist es, Leute in zwei Hälften zu zersägen.« – »Das ist ja toll«, sagt die Lehrerin. »Und – hast du noch Geschwister?« – »Ja, ich habe noch zwei Halbbrüder.«

»**Dieser Typ mit den langen Haaren – ist das nun ein Junge oder ein Mädchen?**« – »Also bitte, das ist meine Tochter!« – »Entschuldigung, ich konnte ja nicht wissen, dass Sie die Mutter sind!« – »Was?! Ich bin der Vater!«

Die Mutter ermahnt Paul und Timo: »Es gibt zwei Wörter, die ich von euch nicht mehr hören will. Das eine ist ›geil‹, das andere ›krass‹.« Da antwortet Paul: »Okay, Mama, und welche Wörter sind es?«

Fabienne zu ihrem Vater: »**Mir ist gerade ein tolles Geschenk eingefallen,** das ich dir zu Weihnachten schenken kann, Papi, nämlich einen Bierkrug aus Porzellan!« – »Aber Fabienne, ich habe doch schon einen Bierkrug!«, sagt der Vater. »Papa, du bist nicht mehr auf dem Laufenden. Du hattest einen Bierkrug, bis ich vorhin Mama beim Abtrocknen geholfen habe!«, erwidert Fabienne.

Maik bekommt im Sommerurlaub strenge Regeln. Er muss seinen kleinen Bruder immer an der Hand halten. Am Strand steht Maik bis zum Hals im Wasser, da kommt die Mutter und fragt: »Wo ist denn Simon?« Maik antwortet: »Ganz fest an meiner Hand.«

Max wirft eine Vase um. Der Vater entsetzt: »Die Vase ist aus dem 18. Jahrhundert!« Max erleichtert: »Da bin ich aber froh. Ich dachte schon, sie wäre neu.«

Ein Mann kommt nachts um halb drei vom Männerabend nach Hause. Er schließt die Tür auf und sieht seine Frau im Flur mit einem Besen. Da fragt er: »Guten Morgen, Schatz, putzt du schon oder willst du noch mal ausfliegen?«

Ben fragt seine Mutter: »Was machst du lieber? Nähen oder waschen?« »Nähen.« Da antwortet Ben stolz: »Das hab ich mir schon gedacht. Deshalb hab ich die Flecken einfach aus meiner Hose rausgeschnitten.«

48

Ein Mann erzählt seinen Freunden: »Ich hab eine neue Freundin. Die ist genau wie meine Mutter: Sie isst wie sie, schläft wie sie, geht wie sie und benimmt sich wie sie!« Die Freunde gucken ihn ungläubig an. Er fährt fort: »Ich habe sie meinem Vater vorgestellt. Und wisst ihr was? Er mag sie nicht! Ulkig, oder?«

Ein junger Mann hat gerade seinen Führerschein gemacht und fragt seinen Vater, ob er das Auto benutzen darf. »Sohn«, erwidert der Vater. »Wenn deine Noten besser werden, du jeden Tag in der Bibel liest und dir die Haare abschneiden lässt, dann kriegst du auch mal das Auto.« Einige Zeit später kommt der Sohn wieder mit seiner Bitte zum Vater. »Schau, Papa, mein Zeugnis ist viel besser geworden, und ich lese auch jeden Tag in der Bibel.« – »Stimmt, aber du warst immer noch nicht beim Friseur.« – »Mensch, Papa! Simson hatte lange Haare, Moses hatte lange Haare. Sogar Jesus hatte lange Haare!« – »Ja, stimmt genau. Und wenn sie irgendwo hin wollten, gingen sie alle zu Fuß.«

Tims große Schwester kommt schwärmend vom Einkaufen zurück: »Sieh mal, meine neuen Winterstiefel, ich fühl mich wie in meiner eigenen Haut!« Darauf Tim: »Kein Wunder, ist ja auch Ziegenleder.«

Sagt die Mutter zum grippekranken Felix: »Du solltest doch nach dem heißen Bad noch den Tee trinken!« – »Tut mir leid«, erwidert Felix, »nachdem ich das heiße Bad getrunken hatte, konnte ich echt nicht mehr.«

49

Die Mutter zu Tim: »Der Salat schmeckt irgendwie komisch. Hast du ihn nicht gewaschen?« Tim: »Natürlich, kaum zu glauben, wie viel Seife man dazu braucht.«

Kommt eine Frau vom Arzt nach Hause. »Und, was hast du?«, fragt ihr Mann sie. »Der Arzt meint, ich hätte das Porzellan-Syndrom.« Nie gehört, denkt sich der Mann und ruft beim Arzt an. Sagt der Arzt: »Ich konnte ihr doch schlecht sagen, dass sie nicht alle Tassen im Schrank hat!«

»Karl, Bello hat ein Loch ins Sofa gebissen. Jetzt musst du ihn bestrafen!«, sagt die Mutter. »Hab ich schon gemacht. Ich habe vor seinen Augen seinen Napf leer gegessen.«

»Geh sofort vom Fernseher weg!«, sagt die ängstliche Tante Frieda. »Siehst du nicht, dass der Ansager Schnupfen hat!«

Der kleine Tobias bekommt vor den Sommerferien von seiner Oma ein Geschenk. Ganz schnell reißt er die Verpackung auf. Heraus kommt eine Wasserpistole. Tobias quietscht vor Vergnügen und rennt in Richtung Wasserhahn. Seine Mutter ist nicht so begeistert. »Mama«, sagt sie zu der Oma. »Ich bin erstaunt. Weißt du nicht mehr, wie wir dich damals mit unseren Wasserpistolen fast wahnsinnig gemacht haben?« – »Doch«, grinst die Oma, »das weiß ich noch ziemlich genau.«

50 Es ist kurz vor Weihnachten. Paul geht zu seiner Mutter und sagt: »Du, Mama, du kannst die Eisenbahn vom Wunschzettel streichen, ich habe nämlich zufällig eine im Wandschrank gefunden!«

»Max!«, schreit die Mutter. »Zieh die Katze nicht immer am Schwanz!« – »Mach ich doch gar nicht«, verteidigt sich Max. »Die Katze zieht doch. Ich halte sie nur fest.«

Der Vater kommt freudestrahlend zu seinem Sohn und sagt: »Du, Pascal, du hast ein Brüderchen bekommen!« Pascal rennt los. Der Vater ruft ihm nach: »Wo willst du denn hin?« Pascal ruft über die Schulter zurück: »Das muss ich sofort Mama erzählen.«

Weihnachten. Elias bekommt nur einen Brief, in dem steht: »Elias, du bekommst dieses Jahr keine Geschenke, weil du so unartig warst.« Die Mutter bekommt neue Tassen, der Vater einen PC und der Bruder ein Fahrrad. Fragt

Elias seine Mutter: »Mutti, Mutti, darf ich aus deinen Tassen trinken?« Sagt die Mutter: »Natürlich, Elias.« Elias nimmt alle Tassen aus dem Schrank. Als Nächstes geht er zu seinem Vater und fragt: »Papa, Papa, darf ich Computer spielen?« Sagt der Vater: »Ja klar, Elias.« Elias geht an den Computer und nimmt eine Schraube aus dem Gehäuse. Dann geht er noch zu seinem Bruder und fragt: »Jonathan, darf ich mit deinem Fahrrad fahren?« Sagt der Bruder: »Ja, natürlich.« Elias geht in die Garage und schraubt dem Fahrrad ein Rad ab. Es klingelt an der Tür und die Nachbarin fragt Elias: »Was habt ihr denn zu Weihnachten bekommen?« Sagt Elias: »Ach, ich hab nur einen Brief gekriegt, darin stand, dass ich keine Geschenke bekomme, weil ich so unartig war. Meine Mutter hat nicht alle Tassen im Schrank, mein Vater hat 'ne Schraube locker und mein Bruder hat ein Rad ab.«

51

Frau Müller kommt mit ihrer Tochter zum Arzt. Der Arzt fragt sie: »Stottert ihre Tochter eigentlich immer so?« – »Nein, nein, nur wenn sie etwas sagen will.«

Mama ist genervt. Mister Kläx und Lukas streiten schon wieder, diesmal um das letzte Stück Kuchen: »Könnt ihr beide denn nicht ein einziges Mal einer Meinung sein?« Da schaut Mister Kläx sie an: »Sind wir doch! Lukas will den Kuchen – und ich auch ...«

Der kleine Noah hat sich in den Finger geschnitten. Heulend geht er zu seiner Mutter und zeigt ihr die Verletzung. Sofort sagt die Mutter:»Gott wird das schon heilen.« Fragt Noah:»Muss ich hoch oder kommt er runter?«

Sofie stürzt ins Haus und ruft:»Herbert, komm mal schnell, die Garage hat so ein komisches Geräusch gemacht, als ich hineingefahren bin.«

Weihnachten steht vor der Tür und die Familie Müller sitzt gemütlich beisammen. Da klingelt es an der Tür und Mutter öffnet. Der Postbote sagt zu ihr:»Hier bringe ich Ihnen Ihre Fünfzig-Meter-Rolle Papier!« – »Aber wir haben keine Fünfzig-Meter-Rolle bestellt!«, meint die Mutter erstaunt.»Doch, haben wir!«, ruft die kleine Pia,»die brauche ich für meinen Weihnachtswunschzettel!«

Der Vater liest Lukas abends Märchen vor, damit er einschläft. Eine halbe Stunde später öffnet die Mutter leise die Tür und fragt:»Ist er eingeschlafen?« Antwortet Lukas: »Ja, endlich.«

An einem zugefrorenen Teich steht ein kleiner Junge mit Schlittschuhen in der Hand und zeigt laut heulend auf ein Loch im Eis:»Meine Mutter! Meine Mutter ist da reingefallen!« Beherzt stürzt sich ein Mann ins eiskalte Wasser, taucht nach einiger Zeit wieder auf und schüttelt den Kopf.»Mist!«, sagt der Junge.»Dann kann ich ja jetzt die alte Schraube auch wegwerfen.«

»Mein kleiner Bruder wird Mittwoch getauft!« – »Mittwoch? So ein blöder Name.«

Treffen sich drei Männer in einer Bar. Der Erste sagt: »Ich schenke meiner Frau einen Mercedes zu Weihnachten. Der geht von null auf hundert in nur sieben Sekunden!« Daraufhin meint der Zweite: »Nichts gegen mich! Ich schenke meiner Frau einen Ferrari. Der geht von null auf hundert in nur fünf Sekunden!« Meint der dritte locker: »Also, ich schenke ihr was, das geht von null auf hundert in nur null Komma eins Sekunden!« Die anderen: »Was? So ein Auto gibt es doch überhaupt gar nicht!« Meint er nur so: »Ich schenke ihr ja auch kein Auto, sondern eine Waage!«

53

Adventszeit. Die Mutter ist in der Küche, Lukas im Wohnzimmer. »Lukas, Schätzchen«, ruft die Mutter, »zünde schon mal den Adventskranz an!« Nach einer Weile ruft Lukas: »Auch die Kerzen, Mama?«

Lukas zu seinen Eltern: »Wenn ihr Amelie eine Flöte kauft, dann will ich aber Rollschuhe!« – »Warum das denn?«, fragen ihn seine Eltern erstaunt. »Na«, meint Lukas, »damit ich wegfahren kann, wenn sie übt!«

Maxi geht in den Zoo. Abends fragt der Opa, welches Tier ihm am besten gefallen hat. Maxi schaut den Opa treuherzig an und sagt: »Der Seehund, Opa, der sieht dir am ähnlichsten.«

»Amelie, nun iss endlich deine Suppe auf. Manche Kinder wären froh, wenn sie nur die Hälfte davon hätten!« – »Ich auch, Mutti!«

»Das ist total gemein!«, beschwert sich Tom bei seinem Freund Lukas, »ich bin zu Hause von fünf Geschwistern der Jüngste und muss immer die alten Klamotten der anderen auftragen.« – »Aber das ist doch nicht so schlimm«, tröstet ihn Lukas. »Und ob das schlimm ist, ich bin doch der einzige Junge!«

Ein Vertreter klingelt an der Tür. Fritzchen öffnet, im Mund eine dicke Zigarre und in der Hand ein Glas Whisky. Irritiert fragt der Vertreter: »Sind deine Eltern da?« Grinst Fritzchen zurück: »Sieht das etwa so aus?«

54

Streiten sich drei Jungen, wer den kleinsten Vater hat. Sagt der erste: »Mein Vater kann ohne sich zu bücken unter einem Stuhl langgehen.« Sagt der zweite: »Das ist ja gar nichts. Mein Vater braucht eine Leiter, um Erdbeeren zu pflücken.« Sagt der dritte: »Ihr habt aber große Väter. Mein Vater ist Testfahrer für Matchboxautos.«

Der kleine Finn kommt übel zugerichtet vom Spielplatz nach Hause. Seine Nase blutet, er hat ein blaues Auge und sein Knie ist aufgeschrammt. Es ist ziemlich offensichtlich, dass er bei einer Prügelei verloren hat. Während sein Vater ihn verarztet, fragt er den Kleinen, was passiert ist. »Also, ich hab Johannes zu einem Kampf herausgefordert. Und ich hab ihm gesagt, er darf die Waffen wählen.« – »Na ja, das ist ja ganz fair«, sagt der Vater. »Ich weiß, aber ich hatte ja keine Ahnung, dass er seine große Schwester wählt!«

Florian hört Papa bei der Feuerwehr anrufen: »Kommen Sie schnell, mein Haus brennt!« – »Wie kommen wir denn zu Ihnen?«, fragt der Feuerwehrmann. »Ja, haben Sie denn diese schnellen roten Autos nicht mehr?«

Zwei Freunde streiten sich, wer von beiden den stärkeren Vater hat. »Mein Vater«, sagt der eine, »hat das Loch für den Bodensee gegraben!« – »Und mein Vater«, triumphiert der andere, »hat das Tote Meer umgebracht!«

55

»Du bist ein Kamel!«, sagt Frieda zu ihrem Bruder Oscar. »Du ein noch größeres!« – »Ruhe! Ihr habt wohl vergessen, dass ich auch noch da bin!«, sagt der Vater.

Der kleine Sohn schaut sich den neuen Pelzmantel seiner Mutter an und meint: »Muss das arme Vieh dafür gelitten haben!« Darauf die Mutter wütend: »Wie sprichst du eigentlich über deinen Vater?!«

»Mutti, wo warst du eigentlich, als ich geboren wurde?« – »Im Krankenhaus.« – »Und Papi?« – »Der war auf der Arbeit!« – »Na, das ist ja toll! Da war also überhaupt keiner da, als ich ankam!«

»Papi, Papi, wo ist denn Afrika?« – »Keine Ahnung, deine Mutter hat aufgeräumt.«

»Ich konnte heute nicht in die Kirche gehen«, erklärt der Großvater, »hat der Pfarrer lang gesprochen?« – »Mindestens eine Dreiviertelstunde«, gibt Emily Auskunft. »Und worüber hat er gesprochen?« – »Das hat er nicht gesagt.«

»Sag mal, Papi, warum hast du ausgerechnet Mutti geheiratet?« – »Siehst du, Elvira, nicht einmal das Kind versteht es.«

»Mutti, wie lang bist du schon mit Vati verheiratet?« – »Zehn Jahre, mein Kind!« – »Und wie lange musst du noch?«

»Hast du auch deinen Hustensaft genommen, Till?«, fragt die Mutter. »Ja, sicher«, antwortet Till treuherzig, »eine ganze Gabel voll!«

Das Punkergirl fragt die Verkäuferin: »Kann ich die Klamotten umtauschen, falls sie meinen Eltern gefallen sollten?«

Tochter: »Mutti, Mutti, ich kriege keine Pickel mehr!« Mutter: »Das ist ja gut, wie hast du denn das hingekriegt?« Tochter: »Kein Platz mehr!«

»Stellen Sie sich vor, mein kleiner Peter sitzt bereits, obwohl er erst sechs Monate alt ist!« – »Nein, die heutige Jugend – was hat er denn angestellt?«

»Wenn du immer so unartig bist, Johanna, wirst du mal Kinder bekommen, die auch so unartig sind.« – »Ah, Mama, jetzt hast du dich aber verraten!«

»Sarah, möchtest du lieber ein Brüderchen oder ein Schwesterchen?« – »Och, wenn es nicht zu schwer für dich ist, Mutti, möchte ich am liebsten ein Pony.«

Pia sieht immer zu, wenn ihr kleiner Bruder gewickelt wird. Einmal vergisst die Mutter den Puder. »Halt!«, schreit Pia, »du hast vergessen, ihn zu salzen!«

Die Mutter wundert sich, was das Baby wohl haben mag. Es weint ausdauernd und ohne Pause. Da fragt der Bruder: »Hast du denn keine Gebrauchsanweisung dazubekommen?«

Der kleine berliner Junge kommt weinend in die Küche zur Mutter: »Mama, der Papa hat mir jeschlaagen!« Verbessert ihn die Mutter: »Mich!« Wundert sich der Junge: »Wat denn, dir ooch?«

57

Der Großvater erzählt dem kleinen Michael: »Als ich in Alaska war, wurde ich von acht Wölfen angefallen.« – »Aber Opa, letztes Jahr hast du gesagt, es seien nur vier gewesen!« – »Da warst du auch noch zu jung, um die ganze Wahrheit zu erfahren!«

Am Frühstückstisch meint die Tochter zu ihrem Vater: »Hey, Alter, schieb mal die Marmelade rüber.« Darauf der Vater: »Wie heißt das?« Tochter: »Okay, die Konfitüre!«

Ein kleines Mädchen geht mit drei großen Eistüten in der Hand den Strand entlang. Gerade als sie bei den Eltern ankommt, rutscht ihr eine aus der Hand und fällt in den Sand. »Wie schade«, sagt sie traurig, »jetzt habe ich dein Eis fallen lassen, Vati!«

Lukas: »Papi, warum sind Elefanten so groß?« Vater: »Keine Ahnung.« Lukas: »Papi, warum haben Löwen eine Mähne?« Vater: »Ich weiß es nicht.« Lukas: »Papi, nerven dich eigentlich meine Fragen?« Vater: »Nein, ganz im Gegenteil! Frag nur weiter, sonst lernst du ja nichts!«

Vater und Sohn sind mit dem Auto unterwegs. Der Sohn bettelt: »Bitte lass mich doch jetzt mal fahren. Ich habe doch den Führerschein und bin auch alt genug.« – »Du schon«, erwidert der Vater trocken, »aber das Auto nicht.«

Die Frau kommt nach Hause und sagt: »Du, Schatzi, ich habe zwei Nachrichten für dich, eine gute und eine schlechte, welche willst du denn zuerst hören?« Der Mann: »Ach, die gute.« Die Frau: »Die Airbags an deinem Auto funktionieren bestens.«

»Gute Nachrichten, Mami. Du hast mir doch zehn Euro versprochen, wenn ich doch noch eine Vier in Mathe kriege.« – »Ja, und?« – »Schon wieder Geld gespart!«

HAHAHA!
HOHOHO!

Zwei Drittklässler unterhalten sich. Jeder hält seinen Vater für den Größten. Der eine sagt: »Mein Vater kann sich rasieren, ohne die Zigarette aus dem Mund zu nehmen.« Der andere sagt: »Na, und mein Vater kann seine Zehennägel schneiden, ohne dabei die Socken auszuziehen.«

Familie Knall muss schon wieder die Treppen hochsteigen. Zum Zeitvertreiben erzählen sie sich Witze. Im einunddreißigsten Stockwerk sagt Frau Knall: »Jetzt fällt mir aber kein Witz mehr ein.« Herr Knall sagt: »Mir schon, ich habe den Wohnungsschlüssel im Auto vergessen.«

Florian hat seit drei Wochen einen kleinen Bruder. Eines Tages fragt ihn sein Freund, wem das Baby denn ähnlich sehe. Da antwortet Florian: »Die Augen hat es von Mama, das Kinn von Papa und die Stimme von einem Feuerwehrauto!«

59

Ein Mann hatte gerade das Buch »Der Herr im Haus« fertig gelesen. Er stürmte zu seiner Frau. Mit dem Zeigefinger vor ihrem Gesicht fuchtelnd, sagte er: »Ich möchte, dass du weißt, dass ich von nun an der Herr im Haus bin, und mein Wort ist Gesetz! Ich möchte, dass du mir ein Gourmet-Abendessen herrichtest, gefolgt von einem exquisiten Dessert. Dann wirst du mir ein Bad einlassen, damit ich mich entspannen kann. Und wenn ich mit meinem Bad fertig bin, rate mal, wer mich anziehen und mir die Haare kämmen wird?« Seine Frau antwortete: »Der Bestattungsunternehmer?«

Fritzchen zu seiner Mutter: »Ich mag keinen Käse mit Löchern!« Die Mutter antwortet: »Dann iss doch den Käse und lass die Löcher liegen.«

Der kleine Julian will und will einfach nicht schlafen gehen. Da fragt seine Oma: »Soll ich dir ein Gute-Nacht-Lied vorsingen, oder gehst du freiwillig ins Bett?«

Frieda fragt ihren Vater: »Papa, kannst du mit geschlossenen Augen schreiben?« Darauf ihr Vater: »Ja, ich glaube schon, dass ich das kann.« Frieda freut sich: »Toll! Dann unterschreib doch bitte mein Zeugnis.«

Melissa fragt ihren Vater: »Papa, wann bin ich denn auf die Welt gekommen?« Der Vater antwortet: »Am 23. Juni, mein Schatz.« Da jubelt Melissa: »So ein Zufall! Genau an meinem Geburtstag!«

»Christoph«, ruft die Mutter, »du musst dir noch die Hände waschen, gleich hast du Klavierunterricht.« Antwortet Christoph: »Nicht nötig, ich spiele heute nur auf den schwarzen Tasten.«

Zwei Mädchen gehen erst um elf Uhr abends von einer Party heim. Sagt die eine: »Jetzt wird meine Mutter vor Wut kochen.« Sagt die andere: »Du hast es gut, ich krieg um diese Zeit nie was Warmes.«

Gespräch unter Schülerinnen auf dem Pausenhof: »Gestern ist meine Mutter plötzlich ohnmächtig zusammengebrochen! Wir mussten sie mit dem Rettungswagen ins Krankenhaus bringen!« – »Das tut mir aber leid!« – »Na ja, sie ist aber echt selbst schuld. Wieso musste sie auch mein Tagebuch lesen!«

Der Mann fragt seine Frau: »Schatz, war das Essen heute wieder aus der Dose?« Die Frau antwortet: »Ja,

Liebling.« – »Wie hieß das Gericht denn?« – »Das weiß ich nicht. Aber auf der Dose stand: FÜR IHREN LIEBLING, und da war noch eine süße Katze abgebildet.«

Maja sagt zu ihrer Freundin in der Schule: »Ich versteh das nicht. Zuerst bringen meine Eltern mir umständlich das Reden bei, und jetzt sagen sie: ›Halt den Mund!‹«

»Und zu Ostern, mein liebes Christinchen, darfst du dir ein Buch von mir wünschen.« – »Au fein, Oma, dann wünsche ich mir dein Sparbuch.«

Fragt die Mama: »Wo ist das Sieb?« Darauf sagt Fritzchen: »Das hab ich weggeschmissen. Da waren so viele Löcher drin!«

61

Mutter: »Iss dein Gemüse!« Kind: »Nein!« Mutter: »Davon bekommst du aber etwas Farbe ins Gesicht.« Kind: »Ich will aber keine grünen Wangen.«

Mami ist ein bisschen böse: »Du, sag mal, jetzt isst du schon das vierte Stück Kuchen und ich habe dir doch nur eins erlaubt!« – »Entschuldigung«, sagt Tobias. »Da muss ich mich verzählt haben.«

»Papi, ich muss mal unter drei Augen mit dir reden!« – »Du meinst wohl unter vier?« – »Nee, eins musst du zudrücken.«

»Du, Onkel Erich«, möchte Klein-Emma wissen: **»Tut dir dein Ohr eigentlich immer noch weh?«** Erstaunt fragt der Onkel: »Mein Ohr? Wieso?« – »Na«, erklärt Klein-Emma mit Unschuldsmiene: »Papa hat uns doch erzählt, dass er dich vorgestern beim Skatspiel ganz gehörig übers Ohr gehauen hat.«

Die Mutter von Johannes verspricht ihrem Sohn, dass er sich was wünschen darf, wenn er in der nächsten Arbeit eine Zwei oder eine Eins schreibt. Da passiert es: Am nächsten Montag bringt er eine Zwei mit nach Hause. »Und, was wünschst du dir jetzt?«, fragt ihn seine Mutter. Johannes sagt: »Ich möchte einen neuen PC!« – »Das ist doch viel zu teuer«, antwortet seine Mutter. »Gut«, sagt Johannes, »dann möchte ich eben einen Tag Papa spielen.« Damit ist seine Mutter einverstanden. Johannes geht zur Garderobe, bindet sich eine Krawatte um, schmeißt das Jackett über die Schulter und sagt zu seiner Mutter: »Auf geht's, Schatzi! Lass uns in die Stadt fahren und für Johannes einen neuen Computer kaufen!«

Klein-Robert, gerade mal vier Jahre alt, ist unterwegs zum Dachboden. Dort angekommen, sieht er den Laufstall, in dem er einen Teil seiner Babyzeit zugebracht hat. Er stürmt ins untere Stockwerk Richtung Küche und ruft: »Mami, wir kriegen bald ein neues Baby!« Die Mutter ganz erstaunt: »Wie kommst du denn darauf?« Der Kleine: »Na, die Falle ist schon aufgestellt.«

Lachen bis zum Umfallen

Frau Mayer verlangt im Supermarkt ein Brathuhn. »Welche Sorte darf es denn sein? Ein holländisches, ein deutsches oder ein polnisches?« fragt die Verkäuferin. »Das ist mir ganz egal, denn ich will es essen und nicht mit ihm reden!«

Graf Dracula ist mit einem Freund auf einer langweiligen Weihnachtsfeier. Da meint sein Freund zu ihm: »Ich flieg eben mal los, um mir was zu trinken zu besorgen!« Sofort springt er aus dem Fenster und kommt nach fünf Minuten mit blutverschmiertem Gesicht zurück. »Na, das ging aber schnell!«, sagt Graf Dracula bewundernd zu seinem Freund. »Wie hast du das nur wieder so schnell angestellt?« – »Kannst du von hier aus den Laternenpfahl dort unten sehen?« »Ja, natürlich«, meint Dracula. – »Tja, ich aber nicht!«

64

Die kleine Lisa ist ganz verzweifelt. Da fragt Eva: »Warum bist du so verzweifelt?« Daraufhin Lisa: »Ich habe meine Brille verlegt und kann sie erst suchen, wenn ich sie gefunden habe!«

Bei Peter Doofmann klingelt das Telefon: »Hallo, ist dort die Nummer 68 54 71?« – »Nein. Hier ist 68 54 71«. – »Tut mir Leid, dann habe ich mich wohl verwählt.« – »Macht nichts, ich musste sowieso rangehen, weil das Telefon geklingelt hat.«

Aus dem Kochkurs bringt Helga ein selbstgebackenes Stück Kuchen für ihre Freundin Bea mit. Die beißt rein und fragt: »Was ist das denn für ein Kuchen?« – »Ein Marmorkuchen.« – »Marmor? Ich hätte auf Steinkohle getippt!«

Warum haben in Dummhausen die Ehemänner ihr Gebiss zu Weihnachten nicht im Mund? Weil es die Ehefrauen zum Keksausstechen brauchen.

Florian findet im Sperrmüll einen Spiegel und sieht hinein. Er meint: »Dieses blöde Bild hätte ich auch weggeschmissen.«

In der Oper wird Jan von der Platzanweiserin gefragt: »Textbuch gefällig?« »Nein, danke«, bedauert Jan. »Ich singe nicht mit.«

Hartmann tuckert mit der Uralt-Rostlaube bei Rot über die Kreuzung. Ein Polizist brüllt: »Halt, fünfzig Euro!« »Gebongt«, willigt Hartmann ein. »Das Auto gehört Ihnen!«

Ein Außerirdischer kommt zur Tankstelle und sagt zur Zapfsäule: »Nimm doch endlich mal die Hand aus dem Ohr, ich will mit dir reden!«

»... und als ich aus dem Gasthaus kam, sah ich noch, wie einer mit meinem eigenen Auto davonbrauste! Leider kann ich den Dieb nicht beschreiben, aber ich habe mir die Autonummer notiert.«

Der Bundeskanzler will sich einen Mercedes kaufen. Er zählt sein Geld und stellt fest, dass ihm ein Euro fehlt. Daraufhin fragt er einen Bettler, ob er einen Euro für ihn habe. Der Bettler fragt: »Wofür?« – »Ich will mir einen Mercedes kaufen.« Da sagt der Bettler: »Hier hast du zwei Euro. Kauf mir auch einen!«

»Was, meinen Führerschein wollen Sie sehen? Ich denke, den bekommt man erst mit achtzehn.«

Schreibt der Ehemann aus dem Gefängnis: »Vielen Dank für die Feile im Kuchen! Ich habe jetzt die gepflegtesten Hände im ganzen Gefängnis.«

Professor Kiefer kommt an den Bankschalter: »Bitte geben Sie mir eine neue Hunderternote, es soll ein Geschenk sein.« Bankangestellter: »Soll ich den Preis wegmachen?«

»Meine Oma hat eine Kette aus Elfenbein«, erzählt die kleine Lisa ihrer Freundin. Da meint diese: »Oh, die armen Elfen!«

66

Herr Rot nimmt seinen Jüngsten mit auf den Fußballplatz. Damit der Kleine besser sehen kann, setzt er ihn auf seine Schultern. Das geht eine Zeitlang gut, dann nimmt er ihn plötzlich ärgerlich herunter. »Warum tun Sie das? Jetzt kann der Kleine doch gar nichts mehr sehen?«, fragt ein anderer Zuschauer. – »›Tor‹ schreien kann er, aber ›Pipi‹ sagen, dazu reicht's nicht!«

Lukas' Eltern sind im Theater. Sagt Lukas' Mutter zu ihrem Mann: »Du, guck mal, der Kerl neben mir schläft!« – »Na und? Das ist doch kein Grund mich zu wecken!«

Ben fragt Mia: »Was macht ihr eigentlich im Karatekurs?« – »Wir zerschlagen Ziegelsteine mit der Handkante.« – »Und wozu soll das gut sein?« – »Wenn man überfallen wird, kann man sich besser wehren.« – »Aha! Aber wann wird man schon von einem Ziegelstein überfallen?«

»Wie lange brauche ich noch, bis ich die Prüfung machen kann?«, fragt die Fahrschülerin hoffnungsvoll. »Drei!«, antwortet der Fahrlehrer. – »Stunden?« – »Nein, Autos!«

Am Geburtstag seiner Nichte Lea sagt Onkel Otto: »Weil du immer so hilfsbereit bist, schenke ich dir diese schöne italienische Zwei-Euro-Münze noch extra.« Lea: »Aber das ist wirklich nicht nötig, Onkel Otto. Ein hässlicher alter Zehn-Euro-Schein täte es auch.«

**»Mensch, Ella!«, ruft Renate einer Vorüberge-
henden zu,** »hast du dich verändert! Früher warst du viel
größer und schlanker. Du hattest Haare, und außerdem…«
– »Moment mal, ich heiße gar nicht Ella, sondern Noah!« –
»Was? Ella heißt du auch nicht mehr?«

**Ein alter Mann, welcher aber noch gesund und
munter ist,** liest eines Tages seine Todesanzeige in der
Zeitung. Er möchte natürlich gleich damit beginnen, diesen Irrtum zu berichtigen und ruft alle seine Freunde an.
»Du, Franz, hast du heute meine Todesanzeige gelesen?«
»Klar, habe ich!«, antwortet sein Freund, »von wo rufst du
eigentlich an?«

**Ein Porschefahrer sieht im Rückspiegel ein
Moped,** das gerade überholen will. Er tritt aufs Gas
– 170, 180, aber das Moped ist immer noch da. Bei
190 lässt der Porschefahrer sein Fenster runter und
brüllt dem Mopedfahrer zu: »Wohl den Tiger im Tank,
was?« »Nee«, brüllt der zurück, »aber die Jacke in Ihrer
Tür!«

Minnie klingelt bei den Nachbarn: »Stört es Sie denn nicht, wenn ich jeden Tag in unserer Wohnung auf der Geige übe?« »Doch«, erwidert die Nachbarin, »das stört uns sogar sehr!« »Fein«, freut sich Minnie. »Können Sie das nicht mal meinem Vater sagen?«

Klein Ida zu ihrer Nachbarin: »Ich möchte auch so schöne Locken haben wie du!« – »Das geht nicht, die sind angeboren.« – »Dann lass' ich mir halt auch welche anbohren!«

Ein kleiner Junge hat sich in einem Einkaufszentrum verlaufen. Unter Tränen fragt er eine Verkäuferin: »Haben Sie vielleicht eine Frau ohne Jungen gesehen, der so aussieht wie ich?«

69

Wichtiges Fußballmatch. Der schöne Michael, Sturmspitze, bekommt eine vors Schienbein geknallt. Zuerst rollt er fünfmal um die eigene Achse, dann krümmt er sich eindrucksvoll am Boden, zuletzt humpelt er mit schmerzverzerrter Miene vom Platz. »Jetzt weiß ich nicht«, sagt daraufhin der Trainer. »Soll ich die Sanitäter rufen oder einen Theaterkritiker?«

»Seid ihr Zwillinge?« – »Nein, warum fragen Sie?« – »Weil euch eure Mami genau gleich angezogen hat.« – »Das reicht. Ihren Führerschein und die Fahrzeugpapiere bitte!«

Steffi zu Nora: »Was stört dich eigentlich an deinem neuen Freund?« – »Er kaut an den Nägeln.« – »Na und, an den Nägeln kauen doch viele.« – »Aber nicht an den Fußnägeln!«

Herr Lang und Herr Kurz tauschen ihre Erfahrungen mit Glücksspielen aus. Fragt Herr Lang: »Wie kommt es, dass Sie beim Kartenspielen immer gewinnen und beim Pferderennen immer verlieren?« Antwortet Herr Kurz: »Na, versuchen Sie mal, ein Pferd in Ihrem Ärmel zu verstecken!«

Herr Dümmlich hat auf seinem Beifahrersitz einen Papagei sitzen und das Fenster offen. Er hält an der roten Ampel neben einem Mercedes. Der Fahrer des Mercedes kurbelt sein Fenster ebenfalls runter und fragt: »Kann der auch sprechen?« Darauf der Papagei: »Weiß ich doch nicht!«

»Mein Name ist Lang.« – »Macht nichts, ich habe Zeit!«

Ein Paar bestellt im Lokal ein Schnitzel. Sie schneidet das Fleisch in zwei Teile, gibt eins ihrem Mann und beginnt zu essen. Der Ober bemerkt, dass der Mann nichts isst und fragt: »Na, schmeckt es Ihnen nicht?« – »Keine Ahnung, im Moment hat meine Frau noch unsere Zähne.«

Fragt die Erzieherin im Kindergarten: »Wem gehören diese blauen Handschuhe?« Mariechen meldet sich und sagt: »Sie sehen aus wie meine, sie können aber nicht meine sein, ich hab meine verloren!«

»Sagen Sie mal, haben Sie denn nicht gehört, dass ich die ganze Nacht gegen ihre Wand geklopft habe, Herr Nachbar?« – »Gar nicht. Wir haben nämlich gefeiert und selbst ein bisschen Krach gemacht.«

Im Theater sucht eine Dame auf den Knien den Boden ab. Fragt ein Zuschauer: »Was suchen Sie denn?« – »Mein Karamellbonbon!« »Aber wegen eines Bonbons brauchen Sie ja wohl nicht die Vorstellung zu stören!« – »Meine Zähne hängen aber dran!«

Johann, Diener eines alten schwerhörigen Junggesellen, erwartet seinen Herrn. Als dieser endlich nach Hause kommt, ist es schon spät. Johann hilft ihm aus dem Mantel und feixt: »Na, du alte, taube Flasche, wieder in der Bar gehockt und Sekt gesoffen?« – »Nein, Johann, in der Stadt gewesen und Hörgerät gekauft!«

»Jetzt schauen Sie sich mal diesen Typ an: Lange Haare, Zigarette im Mundwinkel, ausgefranste Hosen – ist das ein Junge oder ein Mädchen?« – »Na, hören Sie mal, das ist meine Tochter!« – »Oh, Verzeihung, ich wusste nicht, dass Sie die Mutter sind.« – »Wieso Mutter? Ich bin der Vater!«

»Na, Sven, erzähl doch mal«, fordert der Onkel den Jungen auf, »willst du immer noch Fußballprofi werden?« »Nein!«, wehrt der Kleine ab. »Seit ich weiß, dass die nach jedem Spiel duschen müssen, nicht mehr.«

»Die Köpkes im ersten Stock – das sind ziemlich arme Leute, oder?« – »Wie kommst du denn darauf?« – »Das Baby von Köpkes hat einen Cent verschluckt. Und jetzt sind alle ganz aufgeregt. Sie wollen das Geld unbedingt wieder raus haben.«

SAU-KOMISCH!

72

»Auf der Rolltreppe müssen Hunde getragen werden!« steht auf dem Schild im Kaufhaus. Paula stöhnt: »Wo soll ich denn jetzt einen Hund herkriegen?«

Gehen zwei Tomaten über die Straße. Die eine wird überfahren. Da sagt die andere: »Komm Ketchup, wir gehen weiter.«

Ein bekannter Posaunist hat versehentlich zwei Jobs angenommen, einen bei den Philharmonikern und einen im städtischen Orchester. Einen Job muss er nun abgeben. Er fragt seinen Hausmeister: »Sagen Sie mal, können Sie mich am Sonntag im städtischen Orchester mit der Posaune vertreten?« – »Wie, ich? Ich kann doch gar nicht Posaune spielen.« – »Ist doch gar nicht so schlimm, da sitzen noch fünf andere Posaunisten. Machen Sie einfach das nach, was die vormachen.« Der Hausmeister lässt sich also überreden. Montags treffen sie sich wieder. »Na, wie war's?« fragt der Posaunist, »hat alles geklappt bei der Aufführung?« »Von wegen geklappt«, antwortet der Hausmeister, »die anderen fünf waren auch Hausmeister!«

Ein Sportler springt mit seinem Fallschirm ab. Er zieht hinten an der Leine, der Fallschirm öffnet sich nicht. Er zieht vorne an der Reserveleine, der Ersatzschirm geht auch nicht auf. Er fällt weiter frei nach unten, da kommt ihm ein Mann von unten entgegen. Diesem ruft er zu: »He, reparieren Sie Fallschirme?« – »Nein, Gasflaschen!«

Herr Dumm und Herr Dümmer überprüfen ihr Auto: »Scheinwerfer?« – »Geht!« – »Rücklicht?« – »Geht!« – »Blinklicht?« – »Geht, geht nicht, geht, geht nicht, geht ...«

Der Startschuss ertönt. Alle Motorräder donnern los, bis auf eins. Fragt der Starter: »Weshalb fahren Sie denn nicht los?« – »Geht nicht, Sie haben mir in den Reifen geschossen!«

»Kommst du mit ins Hallenbad?«, fragt Leonardo seinen Freund Willi. »Darf nicht«, antwortet Willi, »hab' Hausverbot im Hallenbad.« – »Wie gibt's denn so was?« – »Ich habe ins Becken gepinkelt.« – »Das machen doch andere auch!« – »Schon. Aber nicht vom Zehnmeterbrett.«

»Mein Opa ist achtzig Jahre und joggt jeden Morgen drei Kilometer.« – »Toll, und was macht er am Nachmittag?« – »Da macht er sich auf den Heimweg.«

Sagt Karlchen zu Felix: »Wenn du errätst, wie viele Gummibärchen ich in der Hand habe, dann gehören dir alle fünfe!«»Fünf, natürlich«, lacht Felix. »Ja, weil du sie gesehen hast«, sagt Karlchen gekränkt.

Als Otto beim Frühstück sein weiches Ei auszulöffeln beginnt, fließt das Eigelb über den Rand. Unzufrieden schüttelt er den Kopf: »Man sollte den Hennen mal sagen, dass sie die Eier nicht immer so voll machen sollen.«

Paul und seine Frau sitzen im Theater, die Musiker stimmen noch ihre Instrumente, da muss Paul plötzlich aufs Klo. Er bettelt sich durch die enge Reihe und begibt sich auf Erkundungstour. Gang links, Gang rechts, Tür auf: erstarrte Damen in Unterwäsche – falsch. Nächster Gang, Tür rechts: zu! Der Druck steigt mit der Erwartung, da sieht er einen leeren Raum im düsteren Licht, in der Mitte ein Tisch mit einer Vase. Mit letzter Kraft steuert Paul die Vase an, macht sie gestrichen voll und zieht sich schleunigst zurück. Er kämpft sich wieder auf seinen Platz, lässt sich entspannt in die Polster gleiten und fragt dann beiläufig seine Frau, ob er schon etwas verpasst hätte. »Ach nö«, meint diese, »es kam nur der Dirigent, da war dann alles ruhig, und dann kamst du auf die Bühne und hast in die Vase gepinkelt.«

OBER-
PEINLICH!

Der Aufseher verkündet den Galeeren-Sklaven: »Jungs, ich hab' eine gute und eine schlechte Nachricht für euch. Zuerst die gute: Ab heute gibt's eine doppelte Ration Rum. Nun die schlechte: Der Kapitän will Wasserski fahren.«

Treffen sich zwei Taschendiebe: »Wie geht's dir?« – »Wie man's nimmt.«

Ein Mann sitzt im Park. Neben ihm ein schreiendes Baby im Kinderwagen. Der Mann: »Ganz ruhig, Fabian. Nicht schreien, Fabian.« Eine Frau kommt vorbei, beugt sich über den Kinderwagen, meint: »Heititei, was hat denn der kleine Fabian?« Daraufhin der Mann: »Das ist nicht Fabian. ICH bin Fabian!«

Mike betritt die Disco und spielt lässig mit einem Autoschlüssel, auf dem ein berühmter Stern glänzt. Da flüstert ihm sein Kumpel ins Ohr: »Mensch, zumindest solltest du die Fahrradklammern an den Hosenbeinen abnehmen!«

An der Bushaltestelle warten ein älterer Herr und der kleine Max, der interessiert in der Bibel liest. Plötzlich ruft Max: »Halleluja! Gott ist so groß!« Daraufhin der Herr: »Was ist denn mit dir los?« Max erklärt: »Halleluja! Gott ist so groß! Er hat für die Israeliten das Meer geteilt und sie sicher hindurchgeführt!« »Weißt du«, meint da der ältere Herr, »das darfst du nicht so wörtlich nehmen. Das war in echt gar kein Meer. Das war eher eine Pfütze!« Max liest enttäuscht weiter. Nach einigen Minuten ruft er erneut. »Halleluja! Gott ist so groß! Er hat die Ägypter in einer Pfütze ertrinken lassen!«

»Engel sind Geister und besitzen daher keinen Körper«, erklärte der Herr Kaplan den Schülern. »Das muss komisch aussehen«, meint Emil, »bloß der Kopf und dann gleich die Beine!«

Ein Einbrecher steigt ein, der Wohnungsinhaber wacht auf. »Keinen Laut!«, sagt der Einbrecher. »Ich suche nur nach Geld!« »Gute Idee!«, meint der Hausherr. »Ich suche mit!«

Der Platzordner sieht nach Ende des Fußballspiels einen Jungen über den Zaun klettern. Er brüllt: »Kannst du nicht da rausgehen, wo du rein gekommen bist?« Der Junge: »Tu ich ja auch!«

76

In der U-Bahn. Eine alte Dame zeigt dem Kontrolleur die Fahrkarte. »Das ist ja eine Kinderfahrkarte, meine Dame!«, stellt der Kontrolleur fest. Sagt die Dame: »Da können Sie mal sehen, wie lange ich auf diese U-Bahn gewartet habe!«

Morgens vor der Schule, im Lager des Hausmeisters. Sagt die Schokomilch zur Vanillemilch: »Oh, ich sehe, du hast heute schon geduscht!«

Ein Mann klettert an der offenen Bahnschranke empor. »Was machen Sie da oben?«, fragt der Bahnwärter. – »Ich muss die Schranke vermessen.« – »Hätten Sie was gesagt, dann hätte ich die Schranke abgelassen.« – »Nützt nichts, ich brauch die Höhe, nicht die Breite!«

Geht Fritzchen ins Kino. Der Film ist aber so eklig, dass Fritzchen auf den Mann, der vor ihm sitzt, kotzen muss! Der dreht sich verärgert zu Fritzchen um und schreit: »Du Schwein!« Darauf Fritzchen ganz ruhig: »Schau doch erst mal dich an, so ein Kotzfleck auf der Jacke!«

Klein Lena zu ihrer Freundin: »Ich muss noch Hausaufgaben machen, eine Stunde am Klavier üben und mein Zimmer aufräumen. Ich komme dann in zehn Minuten raus zum Spielen.«

77

Der Angeklagte verteidigt sich: »Zugegeben, ich kniete mitten auf der Autobahn. Aber das beweist noch lange nicht, dass ich betrunken war!« »Nicht unbedingt«, räumt der Richter ein, »aber dann erklären Sie mir mal, warum Sie versucht haben, den Mittelstreifen aufzurollen!«

Ein Mann darf einer Fee drei Fragen stellen. Erste Frage: »Wie lange ist für dich ein Jahrtausend?« Fee: »Eine Sekunde.« Zweite Frage: »Und wie viel ist für dich ein Million Euro?« Fee: »Ein Cent.« Dritte Frage: »Kannst du mir mal so einen Cent holen?« Fee: »Warte mal 'ne Sekunde.«

Wie wurde das Jodeln erfunden? – Zwei Japaner machten eine Bergtour. Ihr Radio fiel dummerweise in eine Schlucht. Da sagte der eine zum anderen: »Holdudiladio!«

Ein paar Tage vor Weihnachten guckt der Pfarrer in seiner Kirche nochmal nach der Krippe, ob auch alles schön in Ordnung ist. Mit Schrecken stellt er fest, dass die Maria fehlt. Er sucht und sucht, findet sie aber nicht. Am nächsten Morgen guckt er nochmal nach und stellt fest, dass auch der Josef nun verschwunden ist. Am Tag darauf, der Pfarrer ist schon total hilflos, findet er einen Zettel an der Krippe, auf dem mit Kinderschrift steht: »Liebes Christkind! Wenn ich zu Weihnachten den Computer nicht kriege, dann siehst du deine Eltern nie wieder!!!«

78

Machen
zwei Dummhausener
eine Radtour

Nach der Kutschfahrt: »Das macht dann 55 Euro.«
– »Oh, könnten Sie wieder ein Stück zurückfahren? Ich habe nur noch fünfzig Euro.«

Zwei Betrunkene in der Achterbahn. Der eine zum andern: »Sag mal, wir liegen wirklich gut in der Zeit, aber bist du sicher, dass das der richtige Bus ist?«

Ein Flugzeug hat eine Panne und die Passagiere versuchen, sich aus der Luft abzuseilen. An einem Seil hängen zehn Dummhausener und eine ältere Dame. Alle gemeinsam entscheiden, dass das Seil bald reißen wird, weil es nicht elf Leute auf einmal halten kann, und dass deshalb einer loslassen muss. »Ach, wisst ihr was«, sagt die ältere Dame, »ich hatte ein schönes Leben, ich lass jetzt los.« Doch bevor sie loslassen kann, beginnen alle Dummhausener respektvoll zu klatschen.

80

»Herr Doktor«, fragt Mister Kläx, »können Sie mir bitte sagen, wie man merkt, dass jemand nicht ganz richtig im Kopf ist, obwohl er vollkommen normal wirkt?«
– »Ganz einfach«, antwortet der Arzt. »Man stellt dem Patienten eine einfache Frage, die jeder problemlos beantworten kann. Wenn er zögert, dann hat man schon einen Anhaltspunkt.«
– »Was für eine Frage zum Beispiel?«
– »Zum Beispiel: Kapitän Cook segelte dreimal um die Erde. Während einer der Reisen starb er. Während

welcher Reise war das wohl?« Mister Kläx denkt einen Moment lang nach und sagt dann mit einem nervösen Kichern: »Könnten Sie mir bitte ein anderes Beispiel nennen, Herr Doktor? In Geschichte bin ich nicht so gut.«

Zwei Patienten unterhalten sich. »Was machst du gegen deine Schlafstörungen?« – »Ich zähle bis drei.« – »Und das hilft?« – »Na ja, manchmal zähle ich auch bis halb vier.«

Ein hübsches Mädchen läuft an einem Gefängnis vorbei. Da ruft es hinter ihr: »Hey, Süße, hast du heute in vier Jahren schon was vor?«

Sagt ein Kunde zur Verkäuferin im Blumengeschäft: »Ich hätte gern zwölf rote Rosen.« – »Lange?« – »Wie, Sie vermieten die auch?«

81

Treffen sich zwei Dummhausener am Meer. Sagt der eine: »Du, ich habe Hunger und habe nur Spaghetti hier.« Sagt der andere: »Dann iss sie doch!« – »Aber sie sind nicht gekocht. Und gekocht werden sie im Salzwasser.« – »Dann koch sie doch im Meer!« Gesagt, getan. Zehn Minuten später: »Sie sind immer noch nicht gut!« Sagt der andere: »Du musst sie doch noch umrühren!«

Zwei Jungs sind mit dem Fahrrad unterwegs. Plötzlich steigt der eine ab und lässt Luft aus seinen Reifen. »Was machst du da?«, fragt der andere. Der Erste: »Mein Sattel ist zu hoch!« Der Zweite steigt auch ab und schraubt Sattel und Lenker ab. Dann schraubt er den Sattel vorne und den Lenker hinten an. Fragt der Erste: »Und was machst du?« – »Ich fahre zurück. Du bist mir echt zu blöd!«

Reiten drei Cowboys durch die Wüste. Sagt der erste zum zweiten: »Wie viel sind zwei mal zwei?« Der Zweite antwortet: »Fünf!« Darauf erschießt der erste den zweiten. Der Dritte fragt: »Warum hast du Joe erschossen?« Da erwidert der erste: »Er wusste zu viel.«

Eine Frau kann nur noch schlecht hören und geht deshalb zum Arzt. Sagt der Doktor zu ihr: »Da gibt's eine ganz neue Methode. Wir führen einen Wurm in das eine Ohr ein und aus dem anderen kommt er wieder heraus und schon hören Sie besser!« Nach der Behandlung geht die Frau nach Hause und erzählt alles ihrem Mann. Aber der Mann kann es nicht glauben und geht am nächsten Tag selber zum Doktor und lässt die Methode an sich durchführen. Der Wurm klettert in sein Ohr, kommt aber nicht mehr auf der anderen Seite heraus! »Wie kann das denn passieren? Bei meiner Frau ist er doch auch wieder herausgekommen!«, fragt der Mann den Doktor. Da sagt der: »Ja, Ihre Frau hat auch keinen Vogel, so wie Sie!«

Ein Mann geht in einen Tapetenladen und beschwert sich beim Verkäufer: »Ich habe extra die Tapete gekauft, von der Sie sagten, dass sie den Raum größer macht!« Darauf der Verkäufer: »Und? Tut sie das nicht?« – »Nein, mein Schrank passt immer noch nicht ins Zimmer!«

Henry und Fritz gehen durch die Wüste. Henry schleppt einen Rucksack mit Essen und Trinken mit, Fritz einen großen Stein. Fragt Fritz: »Warum schleppst du einen Rucksack mit Essen und Trinken mit dir herum?« Sagt Henry: »Damit ich nicht verhungere und verdurste in der Wüste! Warum schleppst du einen Stein?« – »Wenn ein Löwe kommt, kann ich ihn loslassen und dann schneller wegrennen!«

Richter zum Angeklagten: »Sie haben in den letzten zwei Wochen drei Fußgänger überfahren!« Sagt der Angeklagte: »Wie viele darf man denn maximal?«

Passagiere eines Urlaubsfliegers hören plötzlich folgende Nachricht: »Sehr geehrte Fluggäste! Rechts sehen Sie den brennenden Motor, links eine kleine Insel, rechts davon das kleine Schlauchboot, von dem aus ich zu Ihnen spreche…«

83

Fragt ein Dummhausener den anderen: »Was ist von Deutschland aus weiter entfernt – der Mond oder China?« Nach kurzem Nachdenken antwortet Ballack: »Ich glaube China! Den Mond sieht man manchmal von Deutschland aus, China aber nie.«

Zwei Omas gehen ins chinesische Restaurant. Kommt der Kellner mit dem Essen und den Stäbchen. Sagt die eine Oma: »Junger Mann, wir wollen doch essen und nicht stricken!«

Roland sitzt im Stadion und schaut ganz gebannt beim 10000-Meter-Lauf zu. »Wieso trägt denn der Erste einen roten Schal?«, fragt er schließlich seinen Nachbarn. »Das ist kein roter Schal, das ist seine Zunge.«

Ein Polizist hält einen Fahrer an. »Ihr Kennzeichen ist total unleserlich«, beschwert er sich. »Macht doch nichts«, beschwichtigt der Fahrer. »Ich kenne es auswendig.«

»Können Sie meinem Mann nicht eine leichtere Arbeit geben?«, bittet die Frau des Häftlings den Gefängnisdirektor. »Er ist immer so erschöpft.« – »Wieso?«, fragt der Beamte. »Ihr Mann trägt doch nur die Briefe aus!« – »Wie bitte? Und mir erzählt er, er muss jede Nacht einen Tunnel graben!«

Vor Schalke-Spielen wird in der Fankurve ein Jahresticket für alle Spiele von Schalke verlost. Der Stadionsprecher, der die Frage stellt, nimmt Theresa dran: »Also, wie viel ist drei mal drei?« Sagt Theresa: »Fünf!« – »Falsch!«, sagt der Stadionsprecher. Da rufen die Fans: »Gebt ihr noch 'ne Chance!« Sagt der Stadionsprecher: »Okay.« Theresa macht einen zweiten Versuch: »Sieben!« Das Publikum ruft: »Gebt ihr noch 'ne Chance!« Theresa ruft ganz schnell: »Neun!« Rufen die Fans: »Gebt ihr noch 'ne Chance!«

Gehen zwei Männer in eine Bar, die eine Wand voller Spiegel hat. Auf einmal sagt der eine: »Schau mal, dort sitzen zwei, die genauso aussehen wie wir, und sie trinken auch dasselbe.« Sagt der andere: »Komm, wir setzen uns zu ihnen«, steht auf und will gehen. Da sagt der Erste: »Bleib sitzen, sie kommen schon!«

Herr Müller kommt zum Arzt: »Sie haben doch gesagt, ich soll mit den Hühnern schlafen gehen!« Der Doktor: »Richtig.« Herr Müller: »Ich habe nur ein Problem: Ich falle immer von der Stange!«

Ein Gaukler steht an einer Brücke. Er singt immer: »Dreiundzwanzig, trallala.« Kommt ein Ritter vorbeigelaufen und fragt: »Warum singst du denn immer dreiundzwanzig trallala?« Der Gaukler sagt: »Guck doch mal hinunter.« Der Ritter sagt: »Ich sehe aber nichts.« – »Du musst dich noch mehr hinunterbeugen.« – Der Ritter fällt ins Wasser. Der Gaukler singt: »Vierundzwanzig trallala, vierundzwanzig trallala.«

Daniel jammert: »Ich habe einen Holzsplitter im Finger.« Meint seine Freundin: »Hast dich wohl am Kopf gekratzt?«

Kommt ein Mann in die Zoohandlung und bestellt zwei Mäuse, vierzehn Kakerlaken, zwanzig Ameisen und eine Ratte. Fragt die Frau hinter der Theke: »Wozu brauchen Sie das ganze Viehzeug denn?« Sagt der Mann: »Der Vermieter hat gesagt, ich soll die Wohnung so verlassen, wie ich sie vorgefunden habe.«

85

Ein Mann kommt zum Arzt und sagt: »Kommen Sie schnell! Meine Frau hat Fieber!« Darauf der Arzt: »Ist es hoch?« Mann: »Nein, im zweiten Stock!«

Herr Schmidt bringt sein Auto in die Werkstatt: »Ich weiß nicht, immer wenn ich über hundert fahre, fängt es im Motor an zu klopfen!« – »Das wird Ihr Schutzengel sein.«

Zwei Männer stehen an der Bushaltestelle. Einer von ihnen trägt eine Geige unter dem Arm. Fragt der andere: »Spielen Sie Geige?« – »Nein, oder hören Sie was?«

»Herr Doktor, ich leide unter Gedächtnisschwund.« – »Seit wann haben Sie das denn?« – »Seit wann habe ich was?«

In einer Kneipe sitzt ein Mann und trinkt ein Bier. Dann muss er aufs Klo. Damit keiner von seinem Bier trinkt, hängt er einen Zettel daran. Darauf steht: »Habe hineingespuckt!« Als er von der Toilette zurückkommt, steht auf dem Zettel: »Ich auch!«

Fritzchen steht im Fahrstuhl und wartet. Vor dem Fahrstuhl steht ein Schild: »Nur für fünf Personen«. Nach drei Stunden kommen endlich noch vier Personen in den Fahrstuhl dazu. Als Fritzchen endlich in seiner Klasse ankommt, fragt ihn die Lehrerin: »Wieso kommst du eigentlich drei Stunden zu spät?« Antwortet Fritzchen: »Am Fahrstuhl stand ein Schild mit dem Hinweis ›Nur für fünf Personen‹. Was glauben Sie, wie lange es gedauert hat, bis noch vier Personen zugestiegen sind?«

Ein Mann fährt mit seinem Laster durch den Wald. Da kommt im Radio eine Warnmeldung: »Achtung, bitte jetzt gut zuhören: Kleine grüne Marsmenschen sind auf unserem Planeten gelandet. Gehen Sie bitte nicht ins Freie, bringen Sie sich in einem Gebäude in Sicherheit!« Plötzlich sieht der Mann eine kleine, grüne Gestalt neben einem Busch hocken. Er steigt aus und spricht das Wesen an: »Ich komme in Frieden! Ich bin vom Planeten Erde, ich habe

nichts Böses vor, Sie müssen sich nicht fürchten.« Die grüne Gestalt schielt ihn böse an und antwortet: »Dann lass mich auch in Frieden! Ich bin der Förster dieses Waldes, und ich muss mal!«

Eine alte Frau zum Friedhofswärter: »Wo bitte ist Reihe zehn, Grab Nummer sieben?« Murmelt der Friedhofswärter: »Das hab ich gern, erst aus dem Grab klettern und dann nicht mehr nach Hause finden.«

Fritz kommt mit seiner alten Klapperkiste in die Autowerkstatt. Fragt der Mechaniker: »Wann wurde Ihr Auto zum letzten Mal überholt?« – »Vor zehn Minuten von einem Radfahrer!«

Eine Frau lauscht an der Wand und sagt zu ihrem Mann: »Sei doch mal leise, ich will hören, was unsere Nachbarn reden.« Der Mann: »Und, was sagen sie?« – »Die Frau sagt gerade zu ihrem Mann, dass er leise sein soll, weil sie hören will, was wir reden!«

Mister Kläx will nach Bangkok. Die Dame im Reisebüro fragt: »Möchten Sie über Athen oder Bukarest fliegen?« Mister Kläx: »Nur über Weihnachten.«

Mister Kläx wird nach einem Fußballturnier interviewt. Der Reporter fragt ihn: »Na, wie fühlen Sie sich, Mister Kläx?« Mister Kläx: »Super, ich war echt gut drauf, ich habe in einem Spiel zwei Bombentore geschossen.« Der Reporter: »Herzlichen Glückwunsch, und wie ging das Spiel aus?« Mister Kläx: »1:1.«

Ein Fußballspieler steht an einer Bushaltestelle. Um sich die Zeit zu vertreiben, übt er Dribbelschritte. Eine ältere Frau kommt auf ihn zu, fasst ihn bei der Hand und sagt: »Junger Mann, bleiben Sie ganz ruhig, ich zeige Ihnen, wo die Toilette ist.«

Klein-Felix geht mit seiner Mutter zum ersten Mal ins Ballett. Als er sieht, wie die Mädchen auf den Fußspitzen tanzen, fragt er seine Mutter: »Mama, wieso nehmen die nicht einfach größere Mädchen?«

Ein Deutschlehrer geht in ein Restaurant. Als er auf der Speisekarte einen Schreibfehler entdeckt, ruft er den Ober zu sich und sagt mit erhobenem Zeigefinger zu ihm: »Omelett mit zwei T!« Der Ober geht zur Durchreiche und ruft in die Küche: »Ein Omelett und zwei Tassen Tee für Tisch sieben.«

Fritz wirft sein Pausenbrot aus dem Fenster. Fragt ihn Tim: »War das mit Absicht?« Fritz: »Nein, mit Salami.«

88

Zwei Dummhausener fahren auf der Landstraße. Plötzlich bleibt der Wagen stehen. Fragt der Beifahrer: »Was ist los?« Die Fahrerin entgegnet: »Wir haben kein Benzin mehr!« – »Super, dass du dich so gut auskennst! Ich wäre einfach weitergefahren.«

Frau Scholz sagt zu ihrem Mann: »Schatz, unser Nachbar gibt seiner Frau jeden Morgen, bevor er zur Arbeit geht, einen Kuss. Wieso machst du das nicht auch so?« Mann: »Na ja, ich kenne diese Frau doch gar nicht!«

Fragt die Hebamme bei der Geburt: »Wollen Sie Ihren Sohn wirklich Axel nennen, Frau Schweiß?«

Ein Mann und eine Oma fahren zusammen im Zug. Der Mann kaut durchgehend Kaugummi. Irgendwann sagt die Oma: »Junger Mann, es ist zwecklos, auf mich einzureden! Ich bin taub.«

Fritzchen ruft: »Mama, Mama, mir ist die große Leiter umgefallen.« Sagt die Mutter: »Dann frag Papa, ob er dir hilft!« Da sagt Fritzchen: »Der kann nicht, der hängt an der Dachrinne.«

Auf einer Parkbank in einem noblen Kurort sitzen zwei Männer. Fragt der eine: »Wissen Sie, ich bin neu hier. Ist die Luft hier wirklich so gesund, wie immer behauptet wird?« »Das kann man wohl sagen«, sagt der andere. »Schauen Sie mich an. Als ich hierherkam, konnte ich nicht gehen und hatte überhaupt keine Haare auf dem Kopf.« – »Donnerwetter!«, ruft der neue Gast, »und wie lange sind Sie jetzt schon hier?« – »Ich bin hier geboren.«

Eine Frau ruft beim Arzt an: »Hilfe, Hilfe, mein Mann ist von einer Dampfwalze überfahren worden!« – »Na, dann faxen Sie ihn mir doch mal her.«

Die Rentner Karl und Henry wollen aus dem Altenheim fliehen. Dazu müssen sie hundert Mauern überspringen. Nach vierundsechzig Mauern fragt Karl: »Bist du schon müde, Henry?« Da antwortet Henry: »Nein, ich bin noch gar nicht müde.« Bei der neunundneunzigsten Mauer fragt Henry: »Bist du schon müde, Karl?« Darauf antwortet Karl: »Ja, ich bin erschöpft. Gehen wir wieder zurück.«

Kommt ein Mann mit sehr langen Beinen zum Arzt und sagt: »Herr Doktor, Sie müssen mir helfen. Meine Beine sind fünf Meter lang. Wie kann ich sie kürzer bekommen?« Der Arzt sagt gelassen: »Gehen Sie in den Zauberwald zum Brunnen. Dort ist ein Frosch. Den müssen Sie fragen, ob er Sie heiraten will. Wenn er mit Ja antwortet, werden Ihre Beine jedes Mal einen Meter kürzer.« Gesagt, getan. Der Mann geht in den Zauberwald zum Brunnen und fragt den Frosch: »Willst du mich heiraten?« Der Frosch quakt: »Jaaaaaaa!« Am nächsten Tag wieder: »Willst du mich heiraten?« – »Jaaaaaaa!«, antwortet der Frosch wieder. Und tatsächlich werden die Beine des Mannes jedes Mal einen Meter kürzer. Am nächsten Tag geht er gleich noch mal hin: »Willst du mich heiraten?« Darauf der Frosch, dem das allmählich auf die Nerven geht: »Ja, ja und nochmals ja!«

»Wer ist am Telefon?« – »Huber hier.« – »Wer bitte?« – »Huuuber: Heinrich, Ulrich, Berta, Emil, Richard.« – »Ja, aber wieso ruft ihr gleich zu fünft an?!«

Treffen sich zwei Jäger …

Ein Pfarrer will ein Pferd kaufen. Der Pferdehändler sagt: »Wunderbar, Herr Pastor, ich habe genau das richtige Pferd für Sie. Wenn Sie ›Gott sei Dank‹ sagen, läuft das Pferd los. Wenn Sie ›Amen‹ sagen, hält es an.« Der Pfarrer kauft das Pferd und will eine Proberunde mit ihm machen. Also sagt er: »Gott sei Dank«, und das Pferd läuft los. Nach einer Weile sieht der Pfarrer eine Schlucht. Plötzlich bemerkt er, dass ihm das Wort zum Anhalten nicht mehr einfällt. Deshalb betet er. Zum Schluss sagt er: »Amen« … und zehn Zentimeter vor der Schlucht hält das Pferd an! Erleichtert sagt der Pfarrer: »Gott sei Dank!«

Leo und Steffi zelten. Steffi genießt die romantische Atmosphäre im Wald. »Hör mal, Schatz, die Grillen!« Leo darauf: »Ich rieche nichts!«

Herr Meyer geht an einem See angeln. Da kommt ein Polizist und sagt: »Das kostet Sie jetzt fünfzig Euro!« – »Ja, warum denn? Angeln ist doch hier erlaubt!«, entgegnet Herr Meyer. Der Polizist antwortet: »Ja, aber hier ist Nacktbadeverbot und Ihr Wurm trägt keine Badehose!«

Herr Müller wurde mit einer Pilzvergiftung ins Krankenhaus gebracht. Als er wieder ansprechbar war, sagte der Arzt zu ihm: »Herr Müller, Sie dürfen nur Pilze essen, die Sie auch kennen!« Herr Müller: »Das ist ja das Problem, ich kenne nur den Fliegenpilz!«

Ein Dummhausener will die Katze seiner Frau heimlich loswerden und beschließt, sie auszusetzen. Er packt sie ins Auto, fährt 20 Häuser weit, setzt die Katze aus und fährt heim. Zehn Minuten später ist die Katze auch wieder da. »Na gut«, denkt sich der Mann, »die Strecke war vielleicht ein wenig zu kurz.« Er setzt sich wieder mit der Katze ins Auto, fährt fünf Kilometer und setzt sie aus. Zwanzig Minuten später ist die Katze wieder zu Hause. »Jetzt reicht's!«, denkt sich der Mann, nimmt die Katze und fährt 20 Kilometer, dann durch den Wald, über eine Brücke, einmal rechts, zweimal links, und setzt die Katze schließlich mitten im Wald auf einer Lichtung aus. Eine halbe Stunde später ruft der Mann zu Hause an. »Ist die Katze da?«, fragt e r seine Frau. »Ja, warum?« »Hol sie mal ans Telefon, ich habe mich verfahren.«

92

Als der Herbst begann, fragten die Indianer ihren Häuptling, ob der Winter kalt oder mild werden würde. Der Häuptling wusste es auch nicht, antwortete aber: »Dieser Winter wird sehr kalt werden! Sammelt so viel Holz, wie ihr tragen könnt!« Weil er ein guter Häuptling war, rief er aber auch noch bei der Wetterstation an und fragte: »Wird dieser Winter wohl sehr kalt werden?« Der Mann am anderen Ende der Leitung erwiderte: »Ja, es wird einen ziemlich kalten Winter geben.« Als der Häuptling das hörte, ging er zurück in sein Dorf und trieb seine Leute an, noch mehr Holz zu sammeln, damit sie auf den kalten Winter gut vorbereitet wären. Eine Woche später rief er noch mal bei der Wetterstation an und fragte: »Wird es wirklich ein sehr kalter Winter?« – »Ja, es wird wirklich ein außergewöhnlich kalter Winter«, teilte man ihm mit. Der Häuptling befahl seinem Stamm, mit dem Holzsammeln nicht aufzuhören. Zwei Wochen später

rief er ein letztes Mal bei der Wetterstation an. »Wie macht ihr das eigentlich, dass ihr so lange im Voraus wisst, dass es einen extrem kalten Winter geben wird?«, fragte er. »Wir haben da einen todsicheren Anhaltspunkt«, sagte der Wetterforscher. »Die Indianer sammeln seit Monaten wie die Wilden Brennholz.«

Mister Kläx berichtet seinem Vermieter: »Die neuen Nachbarn im Stockwerk über mir stampfen jede Nacht auf den Boden und brüllen bis mindestens Mitternacht. Ich habe keine Ahnung, was die da machen.« – »Stört Sie das nicht furchtbar?«, fragt der Vermieter. »Ach nö, um die Zeit übe ich sowieso meistens Trompete.«

Am Grenzübergang fragt der Zöllner den Autofahrer: »Drogen, Alkohol, Zigaretten?« Sagt der Autofahrer: »Nein, danke. Wir haben alles.«

Treffen sich drei Freunde nach Weihnachten wieder. Sagt der Erste: »Ich habe ein Buch geschenkt bekommen, kann aber nicht lesen.« Sagt der Zweite: »Ich habe einen goldenen Füller bekommen, kann aber nicht schreiben.« Sagt der Dritte: »Ich habe einen Deoroller bekommen, aber habe keinen Führerschein.«

Herr und Frau Dünnbier haben lange gespart und gönnen sich zum ersten Mal in ihrem Leben eine Kreuzfahrt. Sie schiffen sich in Bremerhaven ein. Als sie sich in der ersten Nacht in ihrer Kabine zu Bett begeben, zieht Herr Dünnbier ein Nachthemd seiner Frau an. Dazu setzt er auch noch das Nachthäubchen auf, mit dem sie sonst ihre Lockenwickler verdeckt. »Ja, spinnst du denn jetzt völlig?«, fragt Frau Dünnbier entgeistert. »Was soll denn diese Maskerade?« – »Eine reine Vorsichtsmaßnahme, Liebling. Du weißt doch, falls es wider Erwarten zu einer Katastrophe kommen sollte und das Schiff sinkt, werden Frauen und Kinder zuerst gerettet.«

94

Sagt die Frau zu ihrem Mann: »Liebling, schlag bitte die Mücke tot!« Erwidert der Mann: »Bloß nicht, dann kommen ja Tausende zur Beerdigung!«

Steht ein Angler am Teich und angelt. Kommt ein Mann vorbei und fragt: »Na, angeln Sie?« Antwortet der Angler: »Nein, ich bade nur meinen Regenwurm!«

Geht ein Cowboy zum Friseur. Kommt wieder raus, ist sein Pony weg!

Herr Keiner, Herr Niemand und Herr Blöd treffen sich und geraten in Streit. Da verprügelt Herr Keiner Herrn Blöd und Herr Niemand schaut zu. Herr Blöd geht erbost zur Polizei und sagt: »Keiner hat mich verprügelt und Niemand hat zugeschaut.« Der Polizist schaut ihn erst eine Weile an und sagt dann: »Sagen Sie mal, sind Sie denn blöd?« Herr Blöd: »Ja – woher wissen Sie das?«

Geht ein Mann auf dem Eis angeln. Er macht ein Loch ins Eis und lässt langsam die Angelschnur mit dem Köder hinab. Da hört er eine Stimme: »Hier kannst du nicht angeln.« Er geht weiter und macht ein neues Loch in das Eis. Und wieder diese Stimme: »Hier kannst du nicht angeln!« Der Mann ruft in den Himmel: »Warum kann ich hier nicht angeln, bist du Gott oder was?« Darauf die Stimme: »Ich bin der Sprecher der Eissporthalle!«

Ein Fußballprofi kommt in einen Buchladen und fragt die Verkäuferin: »Wo steht das Buch: ›So wird Deutschland Weltmeister‹?« Die Verkäuferin antwortet: »Märchenbücher gibt es im zweiten Stock.«

Im Hutladen: Vor dem Spiegel steht ein Kunde und probiert einen Hut an. Der rutscht ihm über die Ohren und die Augen. »Viel zu groß«, sagt der Kunde. »Wie wollen Sie denn das wissen?«, fragt der Verkäufer. »Sie sehen ja gar nichts!«

Rennt ein Mann kurz vor Spielbeginn in das Stadion seines Lieblingsvereins und will sich noch schnell eine Karte kaufen. Die Frau am Schalter sagt zu ihm: »Tut mir leid, das Spiel ist ausverkauft – bis auf den letzten Platz.« Der Mann : »Na, das ist ja prima, dann hätt ich den gerne!«

Ein Ehepaar wird in einem Interview gefragt: »Wie kommt es, dass Ihre Ehe so harmonisch verläuft?« – »Nun ja«, sagt der Ehemann, »es fing alles im Urlaub in Afrika an. Wir ritten auf einem Kamel. Auf einmal schüttelte sich das Kamel und meine Frau fiel in einen Graben. Sie murmelte nur ›eins‹. Nach einiger Zeit warf sie das Kamel wieder in einen Graben. Diesmal sagte sie nur ›zwei‹. Später passierte das noch einmal. Meine Frau rief ›drei‹, sprang aus dem Graben und erschoss das Kamel. Als ich einige Zeit später rülpste, murmelte meine Frau ›eins‹.«

Ein Mann möchte von einem Dreimeterbrett springen. Da ruft der Bademeister: »Springen Sie nicht! Springen Sie nicht! Es ist kein Wasser drin!« Der Mann ruft zurück: »Macht nichts! Ich bin sowieso Nichtschwimmer!«

Ein amerikanischer Tourist besucht Israel. Staunend steht er am Ufer des Sees Genezareth, als ihn ein Fischer anspricht: »Ich fahr sie rüber, für nur vierzig Dollar!« – »Das ist aber teuer!«, ruft der Amerikaner entrüstet. »Ja, bedenken Sie aber: Jesus ist zu Fuß über diesen See gegangen!« – »Kein Wunder, bei den Preisen!«

Sagt der Richter zu Herrn Oberhausen: »So, Sie wollen sich also von Ihrer Frau scheiden lassen, weil Sie meinen, dass Ihre Frau Ihnen untreu geworden ist, richtig?« Darauf Herr Oberhausen: »Ja, Herr Richter.« – »Und wieso nehmen Sie an, dass Ihre Frau Ihnen untreu geworden ist?« – »Nun ja, sicher bin ich mir da nicht, aber sie ist seit einem Jahr nicht mehr nach Hause gekommen!«

Ein Taxifahrer in Afrika holt drei Touristen vom Flughafen ab. Der eine kommt aus New York und gibt an: »Bei uns haben sie jetzt in zwei Jahren ein hundertstöckiges Hochhaus gebaut.« Der zweite kommt aus Rom und erwidert: »Ja, aber das Kolosseum ist von Sklaven in nur zehn Monaten errichtet worden.« Da kommen sie an einem riesigen Gebäude vorbei. »Was ist das denn?«, fragen die verblüfften Touristen ihren Fahrer. »Weiß ich nicht«, sagt der. »War heute Morgen noch nicht da.«

97

Franz fragt seinen Freund: »Sag mal, fällt es dir eigentlich schwer, eine klare Meinung zu haben?« – »Jein.«

Justin sieht den ganzen Vormittag einem Angler zu. Irgendwann fragt er: »Gibt es eigentlich etwas Stumpfsinnigeres, als stundenlang zu angeln?« – »Ja«, antwortet der Angler, »stundenlang beim Angeln zusehen!«

Ein Gast im Restaurant verrenkt sich fast, um den letzten Rest Suppe aus der Tasse zu bekommen. Sagt der Kellner zu ihm: »Mein Herr, darf ich Ihnen vielleicht mit etwas Löschpapier aushelfen?«

Was ist rot und liegt im Teich?

99

Warum nimmt der kleine Erwin
immer ein Stück Brot mit auf die Toilette?

Weil er die WC-Ente füttern will!

Was ist durchsichtig und stinkt nach Hase?

Ein Hasenpups

Wer kann auch ohne Füße springen?

Der Springbrunnen

Wie bekommt man einen Löwen in einen Kühlschrank?

Tür auf, Löwe rein, Tür zu!

Was ist das?

Je mehr er davon hat, desto weniger wiegt er?

Käse! Je mehr Löcher der Käse hat, desto weniger wiegt er!

100

Welcher Bus hat den Ozean überquert?

Kolumbus

Was fällt durch eine Fensterscheibe,
ohne sie zu zerbrechen?

Der Sonnenschein

Was ist weiß und schwarz und dreht sich immer im Kreis?

Ein Pinguin in der Waschmaschine

Wenn man einen schwarzen Stein in das Rote Meer wirft,
wie wird er dann?

Er wird nass

Was brennt, aber verbrennt nicht?

Die Brennnessel

Was geht und geht und kommt niemals zur Tür?

Die Uhr

In welchem Monat
essen die Leute am wenigsten?

Im Februar

Was macht 999 mal »Tick« und einmal »Tack«?

Ein Tausendfüßler mit Holzbein

Mit welcher Nadel kann man nicht nähen?

Mit der Tannennadel

Wer bin ich? Ich gehe alle Tage aus,
und bleibe dennoch stets im Haus.

Die Schnecke

Was ist schwarz, wenn es sauber ist, und weiß,
wenn es dreckig ist?

Die Tafel

Was ist das? Hab ihn auf den Kopf geschlagen, doch er wollt sich nicht beklagen?

Der Nagel

Was hat Gott im Angesicht aller Menschen geschaffen?

Die Nase

Mit welchem Fluss kann man sogar Tränen trocknen?

Mit dem Überfluss

Was wird immer größer, wenn man etwas wegnimmt?

Das Loch

Warum lachen Zwerge, wenn sie Fußball spielen?

Weil das Gras unter den Achseln kitzelt

102

Wer es mag, der sagt es nicht, wer es kennt, der nimmt es nicht, wer es nimmt, der kennt es nicht. Was ist das?

Falschgeld

Was ist weiß und steigt aus der Erde?

Ein Maulwurf im Nachthemd

Wann hat der Mensch so viele Augen wie das Jahr Tage hat?

Am 2. Januar

Welche Bilder kann man nur im Dunkeln sehen?

Die Sternbilder

Was liegt
am Eingang von Kiel und am Ausgang von Lübeck?

Das K

Was ist der Unterschied zwischen einem Blitz
und einem Pferd?

Der Blitz schlägt ein, das Pferd schlägt aus.

Welcher Stein raucht?

Der Schornstein

Was hat einen Arm, aber keine Beine?

Der Kran

Was sagt der große Stift zum kleinen Stift?

Wachs-mal-Stift!

Was ist schwarz und klopft an die Fensterscheibe?

Ein Huhn im Backofen

103

Welches Auge kann fliegen?

Das Pfauenauge

In welchen Zug passt nur eine Person?

In den Anzug

Was ist grün und hüpft von Baum zu Baum?

Der Förster, der die Waldwege schont.

Wem sieht man es sofort an, wenn er etwas
getrunken hat?

Dem Löschblatt

Was springt von Torte zu Torte?

Ein Tarzipan

Warum darf man in einer Apotheke
keinen Krach machen?

Damit die Schlaftabletten nicht aufwachen!

Mit welchem Stoff kann man nicht nähen?

Mit dem Sprengstoff

Welche ist die gefährlichste Jahreszeit?

Der Frühling, weil da die Salate schießen.

Was lässt sich nicht mit Worten ausdrücken?

Eine Zitrone

Wo führen die Flüsse kein Wasser?

Auf der Landkarte

104

Mit welchem Pass
kommt man durch keine Grenzkontrolle?

Mit dem Kompass

Was ist der Vorname vom Reh?

Kartoffelpü

Was bestellt ein Kannibale im Restaurant?

Den Ober

Was ist weiß und versteckt sich hinter einem Baum?

Eine scheue Quarktorte

Woran erkennt man einen freundlichen
Motorradfahrer?

An den Fliegen zwischen den Zähnen

Auf welchem Weg findet man keinen Staub?

Auf dem Wasserweg

Was hat Blätter und einen Rücken und ist aber weder Pflanze noch Tier?

Das Buch

Was fällt, ohne sich zu verletzen?

Der Regen

Ein Hahn legt ein Ei auf die Kirchturmspitze. Auf welche Seite fällt es?

Auf gar keine. Ein Hahn legt kein Ei.

105

Welcher Baum hat keine Wurzeln?

Der Purzelbaum

Im Sommer sieht mich keiner an, im Winter liebt mich jedermann. Wer bin ich?

Die Heizung

Was wird bis obenhin gefüllt und bleibt doch leer?

Der Luftballon

Was ist das? In ein Loch schlüpft man hinein, aus dreien kommt man wieder hinaus?

Ein Pullover

Was wird kürzer, je länger es lebt?

Die Kerze

Was ist schwerer?

Ein Kilo Eisen oder ein Kilo Federn?

Beides gleich

Was ist das? Morgens geht es auf vier, mittags auf zwei und abends auf drei Füßen?

Der Mensch (als Baby krabbelt er, dann läuft er,
und im Alter benutzt er einen Stock)

Wie nennt man einen Bumerang, der nicht zurückkommt?

Stock

Was ist kleiner und doch höher als sein Besitzer?

Der Hut

106 ## Wer geht mit mir baden und wird nicht nass?

Mein Schatten

Wer hat die meisten Reisen um die Erde gemacht?

Der Mond

Warum braucht man für den Hub-schrauber immer zwei Leute?

Einer hubt, einer schraubt

Was hört ohne Ohren, spricht ohne Mund und redet in allen Sprachen?

Das Echo

Was ist das? Vor dem Waschen ist es sauber und danach schmutzig?

Das Wasser

Welche Pillen verordnet kein Arzt?

Die Pupillen

Was ist das Gegenteil von Ostern?

Western

Was ist klein und eckig und hat 21 Augen?

Ein Würfel

Welche Fische
haben ihre Augen am engsten zusammen?

Die kleinen

Was ist der Albtraum eines Luftballons?

Platzangst

Welche Sprache spricht man in der Sauna?

Schwitzerdeutsch

Was ist rot, hat zwei schwarze Kreise auf den Augen und kann überall hinfahren?

Eine Tomate mit Sonnenbrille im Auto

Mit welchen Nägeln kann man nicht nageln?

Mit den Fingernägeln

Welcher Stuhl hat keine Beine?

Der Dachstuhl

Wer hat einen Kopf
und keine Füße?

Der Nagel

Wer hat Füße
und keinen Kopf?

Der Schrank

Welches Tuch ist
nicht aus Stoff?

Das Hungertuch

Was ist das
Gegenteil von Papagei?

Mamagei!

108

Was für ein König ist ohne Land?

Der Zaunkönig

Was hat keinen Anfang, aber zwei Enden?

Die Wurst

Was versteht man unter einer Eisenbahnbrücke?

Gar nichts, wenn ein Zug darüber fährt

Welcher Fisch hat vorn ein starkes Seil?

Der Kabeljau

Welcher Bart kann nicht rasiert werden?

Der Schlüsselbart

Auf welchen Sprossen kann man nicht hochklettern?

Auf den Sommersprossen

Welcher Hase springt nie ins Wasser?

Der Angsthase

Was kann man tun, wenn King Kong und Dracula gemeinsam vor der Tür stehen?

Hoffen, dass Fasching ist!

Warum kann man eine Maus nicht melken?

Weil man keinen Eimer drunter stellen kann

Welche Krankheit gab es noch nie in einem Land?

Die Seekrankheit

Was liegt am Strand und ist schlecht zu verstehen?

Eine Nuschel.

Wie kommt eine Ameise über den Fluss?

Sie nimmt das A ab und fliegt als Meise rüber

Welcher Zug hat keine Räder?

Der Durchzug

Wie fliegt ein Rabe nach Amerika?

Schwarz

Wie heißt Bergsteiger auf chinesisch?

Hing am Hang

Welcher Löffel hat keinen Stiel?

Der abgebrochene Löffel

Was haben ein Lehrer und eine Wolke gemeinsam?

Wenn sie sich verziehen, gibt's einen schönen Tag.

109

Was sagt die Abschussrampe zur Rakete?

Hau ab, du bist gefeuert!

Welcher Fluss fließt in jeder Wohnung?

Der Abfluss

Was gibt fünfzehn plus fünfzehn?

Zehn Zehen [zehnzehn]

Wie kommt man über die deutsch-italienische Grenze?
Mit dem Reisepass oder mit dem Personalausweis?

Es gibt keine deutsch-italienische Grenze

Was ist ein Sattelschlepper?

Ein Reiter, der sein Pferd verloren hat

Was entsteht, wenn sich zwei Tausendfüßler umarmen?

Ein Reißverschluss

Welche Bahn ist die einzige, die zählt?

Die Achterbahn

Welche ist die höchste Brücke?

Der Regenbogen

Welches ist das lustigste Tier?

Das Pferd. Es veräppelt immer die ganze Straße.

Wie heißt der Kater, der nicht miaut?

Muskelkater

Warum steht die Freiheitsstatue in New York?

Weil sie sich nicht setzen kann

Über was kann der größte Riese nicht springen?

Über seinen eigenen Schatten

Wer hat einen Rücken und keinen Bauch?

Der Berg

111

Wie kann man einen Liter Wasser ohne Gefäß in der Hand halten?

Als Eisklumpen

Wer hat einen Bauch und keinen Rücken?

Die Teekanne

Wo krönt man heute noch einen König?

Auf dem Kopf

Nach welchen Bergen sehnt sich der Wanderer?

Nach den Herbergen

Peters Mutter hat drei Söhne: Tick, Trick und ???

Peter

Warum haben Fische Schuppen?

Wo sollten sie denn sonst ihre Fahrräder hinstellen?

Welches Pferd frisst keinen Hafer?

Das Seepferdchen

Welches Laub hängt nicht am Baum?

Urlaub

Welche Träger werden für ihre Arbeit nie bezahlt?

Die Hosenträger

Welcher Ring hat vier Ecken?

Der Boxring

112

Was lieben Katzen ebenso wie Schwimmer?

Das Kraulen

Wann sagt ein Franzose »Guten Morgen«?

Wenn er Deutsch kann.

Was besitzen Störche, das außer ihnen kein anderer
Vogel hat?

Storchenjunge

Ein Flugzeug flog hoch am Himmel. Da sprangen
zwei Leute mit einem Fallschirm raus. Einer kannte sich
nicht aus und der andere hatte ein Loch im Schirm. Wer
war als Erster auf der Erde?

Adam und Eva

Was wird immer länger, wenn es vorne kürzer wird?

Der Weg

Was hindert einen Reiter daran,
auf dem Pferd zu sitzen?

Der Sattel

Was ist, wenn Anna ins Wasser fällt?

Ananas

Einige Monate haben 30, andere 31 Tage.
Doch wie viele haben 28 Tage?

Alle (jedenfalls mindestens)

Was liegt zwischen dem Meer und dem Strand?

Das »und«

Du sitzt in einem Auto und fährst konstante Geschwindigkeit. Links von dir befindet sich ein Abhang. Rechts von dir befindet sich ein Feuerwehrauto, welches genau die selbe Geschwindigkeit wie du fährt. Vor dir reitet ein Schwein, das eindeutig größer ist als dein Auto. Dich verfolgt ein Hubschrauber auf Bodenhöhe. Der Hubschrauber und das Schwein haben dieselbe Geschwindigkeit wie du. Was unternimmst du, um dieser Situation gefahrlos zu entkommen?

113

Warte bis das Karussell anhält und steig einfach ab!

Warum stellen Ostfriesen leere Flaschen in den Kühlschrank?

Für Gäste, die nichts trinken wollen!

Was ergibt drei mal sieben?

Feinen Sand

Sag ganz schnell: Getrocknete Getreidehalme.

Stroh

Was ist beim Elefanten klein und bei der Laus groß?

Das »L«

Welche Kuh gibt keine Milch?

Die Blindekuh

114 **Welcher Zahn** beißt nicht?

Der Löwenzahn

Warum spinnt die Spinne ihr Netz?

Weil sie nicht knüpfen kann.

Warum kann man mit Hunden nicht Karten spielen?

Immer wenn sie gute Karten ziehen,
wedeln sie mit dem Schwanz und verraten sich!

Ich kenne einen Peter, den kennt jeder, doch gern hat ihn keiner. Was ist das für einer?

Der Schwarze Peter

Warum hat der Schwan so einen langen Hals?

Damit der Kopf bei Hochwasser nicht untergeht.

Was für ein Haus ist ohne Tisch?

Das Vogelhaus

Was geht in einem fort um die Eiche herum
ohne müde zu werden?

Die Rinde

Was ist der Unterschied zwischen
einem Schaukelstuhl und einem Nadelkissen?

Wenn du es nicht weißt, dann setz' dich doch mal drauf!

Welcher Mann hat Angst vor der Sonne?

Der Schneemann

Welches Tier geht im Hemd spazieren?

Der Floh

Wer hat Federn und keine Flügel?

Das Kissen

115

Wer hat Flügel und keine Federn?

Das Fenster

Welcher Strauß hat keine Blumen?

Der Vogelstrauß

Welches Tier hat zwar kein Messer, aber Löffel?

Der Hase

Weshalb trinken Dummhausener die Milch immer in dem Geschäft, in dem sie sie gekauft haben?

Weil auf der Packung steht: Hier öffnen!

Was ist der Unterschied zwischen einem Fußballer und einem Fußgänger?

Der Fußgänger geht bei grün, der Fußballer bei rot!

116

Was kommt zweimal im Moment, einmal in der Minute, aber kein Mal im Jahr vor?

Das M!

Was ist weiß und fliegt nach oben?

Eine verwirrte Schneeflocke!

Was sagt die ganze Zeit: »Du siehst mich – du siehst mich nicht! Du siehst mich – du siehst mich nicht«?

Ein Schneemann auf einem Zebrastreifen!

Was gibt's im Dezember, aber in keinem der anderen Monate?

Den Buchstaben D!

Was ist das Lieblingsweihnachtslied aller Eltern?

»Stille Nacht!«

Wohin gehen Schneemänner zum Tanzen?

Auf einen Schneeball!

Wie nennt man einen alten Schneemann?

Wasser!

Warum ist es an Weihnachten immer kalt?

Weil es im Dezem-brrrr liegt!

Wie viele Geschenke kann der Nikolaus in einen leeren Sack packen?

Nur eins – dann ist der Sack nicht mehr leer.

Was haben Weihnachtsbäume gemeinsam mit Leuten, die schlecht stricken?

Beide verlieren ihre Nadeln!

117

Was ist der brutalste Sport der Welt?

Fußball. Da wird geköpft und geschossen!

Was ist der Unterschied zwischen einem Bankräuber und einem Fußballstar?

Der Bankräuber sagt: »Geld her, oder ich schieße!«
Der Fußballstar sagt: »Geld her, oder ich schieße nicht!«

Wie groß ist der perfekte Schiedsrichter?

25 Zentimeter – immer auf Ballhöhe.

Was ist der Unterschied zwischen einem Bäcker und einem Teppich?

Der Bäcker muss morgens aufstehen, der Teppich kann liegen bleiben.

Was ist bunt und läuft über den Tisch davon?

Ein Fluchtsalat.

Was ist violett und sitzt in der Kirche ganz vorne?

Eine Frommbeere.

Was ist gelb, krumm und schwimmt auf dem Wasser?

Eine Schwanane.

Was ist groß, grau und telefoniert aus Afrika?

Ein Telefant.

Wer hört alles und sagt nichts?

Das Ohr.

Wer kommt als Erster ins Haus?

Der Schlüssel.

118

Was ist der Unterschied zwischen einem Pferd und einem Blitz?

Das Pferd schlägt aus, der Blitz schlägt ein.

Was ist der Unterschied zwischen einem Auto und einer Klopapierrolle?

Das Auto kann man gebraucht kaufen.

Welche Hähne können nicht krähen?

Die Wasserhähne.

Was sollte man tun, wenn man in der Wüste plötzlich vor einer Schlange steht?

Sich hinten anstellen.

Welches ist der größte Automat?

Die Polizeiwache. Wenn man oben einen Stein ins Fenster wirft, kommt unten ein Polizist heraus!

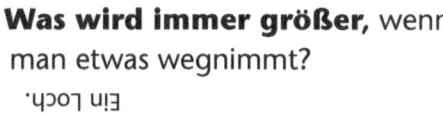

Was wird immer größer, wenn man etwas wegnimmt?

Ein Loch.

Was ist rot und liegt im Teich?

Ein Frosch mit Sonnenbrand.

Was wirft man weg, wenn man es braucht, und holt es wieder, wenn man es nicht braucht?

Einen Anker.

Warum hat der Gockel beim Krähen die Augen zu?

Weil er das Lied auswendig kann.

Wo wohnen viele Katzen?

Purzelbäume.

Welches Tier ist das stärkste auf der Welt?

Die Schnecke, weil sie ihr eigenes Haus trägt!

Was gibt es in der Wüste massenweise?

Parkplätze!

Wie lautet die Hymne der Beamten?

»Wake me up, before you go-go.«

Warum müssen die Apotheker in einer Apotheke immer schleichen?

Damit sie die Schlaftabletten nicht aufwecken.

Was ist der Unterschied zwischen Brokkoli und Popel?

Es ist schwierig, Kinder zu finden, die gerne Brokkoli essen.

Was steht auf dem Grabstein einer Putzfrau?

Sie kehrt nie wieder.

Was hat ein Engel, nachdem er in einen Hundehaufen gefallen ist?

Kotflügel.

Was für Kuchen essen Computerfreaks am liebsten?

Google-Hupf!

Warum sind Hunde so schlechte Tänzer?

Weil sie zwei linke Füße haben.

120

Warum haben Gorillas so große Nasenlöcher?

Weil sie so große Finger haben!

Wer kann sein ganzes Leben lang Geburtstag feiern?

Die Eintagsfliege.

Wie kann man den Geschmack von Salz verbessern?

Indem man Pommes dazutut.

Was unterscheidet Bungee-Jumping von Tennis?

Beim Tennis hat man zwei Aufschläge.

Was ist schwarz und rot?

Ein Zebra mit Sonnenbrand.

Welches ist das älteste Musikinstrument?

Das Akkordeon! Es hat nämlich die meisten Falten.

Was hat einen buschigen Schwanz, trägt eine
Badehose und sagt ständig Miau?

Ein Eichhörnchen im Sprachurlaub.

Wie nennt man einen Menschen, der redet und redet,
obwohl ihm keiner zuhört?

Lehrer.

Was möchte ein Dummhausener in der Bäckerei,
wenn er zweimal mit dem Kopf auf die Theke haut?

Zwei Hörnchen.

Was sagt der Eskimo, wenn er vor dem Kühlschrank steht?

»Hinein in die warme Stube!«

Was ist weiß und springt im Wald herum?

Ein Jumpignon.

Herr Lehrer, ich muss mal!

Im Religionsunterricht fragt der Lehrer: »Was sind die Episteln?« – »Ist doch klar«, tönt Tommy aus der letzten Reihe. »Das sind die Frauen von den Aposteln!«

Fritzchen holt sich eine Euromünze aus dem Portemonnaie seiner Mutter. Fragt die Mutter Fritzchen: »Was machst du da?« Antwortet Fritzchen: »Also, ich werfe jetzt diese Münze, und wenn die Zahl oben liegt, gehe ich ins Kino. Wenn der Kopf oben liegt, gehe ich schwimmen. Und wenn die Münze auf der Kante stehen bleibt, mache ich Hausaufgaben!«

Lukas zu seinem Englischlehrer: »Ich bin einfach eine Niete. Ich versuche ja, mir alles zu merken, aber was Sie sagen, geht mir zu den Ohren rein und zum andern wieder raus.« – »Aber du hast doch nur zwei Ohren!«, erwidert der Lehrer. »Sehen Sie – und in Mathe bin ich auch ein Versager!«

Zwei Schüler unterhalten sich: »Ich kann schneller rechnen als der Lehrer!« – »Dann sag mal, wie viel ist fünf mal fünf?« – »Siebenundsiebzig!«, kommt es wie aus der Pistole geschossen. »Aber das ist doch total falsch!« – »Ja, aber auch total schnell!«

Fritzchen kommt ganz aufgeregt nach Hause und berichtet: »Mama, ich bin heute in Sport von einer zehn Meter hohen Leiter gesprungen!« – »Und ist dir etwas passiert?«, fragt die Mutter ganz besorgt. »Nein, ich stand auf der ersten Sprosse.«

Max fragt den Arzt: »Hat das Medikament unerwünschte Nebenwirkungen?« – »Ja«, entgegnet der. »Du kannst morgen wieder in die Schule gehen.«

Der Lehrer hält dem Schüler ein leeres Blatt vor die Nase. Empört fragt er: »Was soll denn das sein?« Der Schüler: »Ein Bild von einer Kuh, die Gras frisst.« – »Und wo ist das Gras?« – »Hat die Kuh gefressen.« – »Und wo ist die Kuh?« – »Na ja, nachdem kein Gras mehr da war, ist sie auch gegangen.«

124

Der Lehrer in der Mathestunde: »Ich setze hier auf das Pult drei Häufchen ... Was gibt es da zu lachen?! Wenn ihr nicht ruhig seid, setze ich noch einen vor die Tür!«

Der Lehrer weiht seine Klasse in die Geheimnisse des Rechnens ein: »Es gibt Millimeter, Zentimeter, Quadratmeter, Kubikmeter und ...?« – »Elfmeter!«, ruft Lukas dazwischen.

Der Erdkundelehrer holt den Globus und fragt die Klasse: »Wer kann mir den amerikanischen Kontinent zeigen? Ja? Tom?« Tom steht auf und zeigt mit dem Finger auf den amerikanischen Kontinent. »Und wer hat Amerika entdeckt?«, fragt der Lehrer. Die ganze Klasse im Chor: »Der Tom!«

»Stell dir vor, Mami, gestern hat unser Lehrer den Lukas nach Hause geschickt, weil er sich nicht gewaschen hatte.« – »Und, hat es geholfen?« – »Und wie! Heute hatten sich drei Jungen und sechs Mädchen nicht gewaschen.«

»Für morgen bringt jeder von euch ein Fläschchen Urin mit«, sagt der Lehrer. »Das wird vom Schularzt untersucht.« Am nächsten Tag liefern alle Schüler ihr Fläschchen ab. Nur Erwin überreicht eine Einliterflasche. Der Lehrer wundert sich über die große Flasche, reicht diese aber dann doch weiter. Nach Schulschluss kommt Erwin freudig nach Hause gelaufen und ruft: »Juhu! Wir sind alle gesund, Mami, Papi, Opa, Bello und ich!«

126

»Julia, du kannst doch nicht deine beiden Kaninchen mit in den Unterricht bringen. Überleg doch mal, wie das stinkt!« – »Och, das macht denen nichts aus.«

In der Sportstunde ist Gymnastik dran. Alle Schüler liegen auf dem Rücken und fahren mit den Beinen Rad. Nur Florian nicht. Schimpft der Lehrer: »Hey, Florian, warum machst du nicht mit?« – »Mach ich doch, ich fahre gerade bergab.«

»Warum heulst du denn so?«, fragt Mister Kläx einen kleinen Jungen. »Heute gab es Ferien, aber ich hab keine bekommen.« – »Aber warum das denn?« – »Weil ich noch nicht zur Schule gehe!«

Im Schulgottesdienst merkt der Pfarrer, dass mit dem Mikrofon etwas nicht stimmt. Er sagt für alle gut hörbar: »Mit dem Mikrofon stimmt etwas nicht.« Da tönt aus allen hundert Schülermündern: »Und mit deinem Geist!«

Der Deutschaufsatz lautet: »Besuch beim Onkel«. Die Klasse arbeitet hoch konzentriert. Nur Paul gibt nach wenigen Minuten zufrieden seinen Aufsatz ab. Darauf steht: »Mein Onkel war leider nicht zu Hause!«

Fragt der Lehrer in der Schule: »Was kommt nach fünf?« Schreit Lena: »Sechs, Herr Lehrer!« – »Richtig, und was kommt nach acht?« Antwortet Lena: »Die Tagesschau natürlich, Herr Lehrer!«

127

Betet Mister Kläx: »Bitte, Gott, mach, dass Rom die Hauptstadt von Schweden wird, weil ich das heute in der Erdkundearbeit geschrieben habe.«

Collin rast mit dem Fahrrad über den Schulhof. »Halt!«, ruft ihm ein Lehrer entgegen. »Kein Licht, keine Klingel!« – »Aus dem Weg!«, ruft Collin zurück. »Keine Bremsen!«

Die Lehrerin stellt Mister Kläx eine Frage. Der antwortet: »Sie sind aber vergesslich. Gestern haben Sie mich doch schon dasselbe gefragt, und ich habe Ihnen gesagt, dass ich es nicht weiß!«

Am ersten Schultag nach den Sommerferien sollen die Kinder einen kleinen Bericht über ihre Ferienerlebnisse schreiben. Kai schreibt: »Die großen Ferien sind zwar prima gewesen, aber um über sie einen Aufsatz zu schreiben, waren sie viel zu kurz.«

Der Lehrer zu Mister Kläx: »Du könntest mal wieder ein Bad vertragen!« Mister Kläx: »Aber ich bade doch täglich!« Lehrer: »Dann solltest du mal das Wasser wechseln!«

Der Erdkundelehrer fragt: »Wie heißt die Weinsorte, die am Fuße des Vulkans wächst?« Lukas: »Glühwein natürlich!«

Der Lehrer bittet Natalie: »Nenne mir die Adjektivformen von ›reif‹.« – »Reif, reifer, verschimmelt.«

128

Biologieunterricht. »Herr Lehrer, Sie wollten uns doch heute etwas über das Gehirn erzählen!« – »Das machen wir später, heute habe ich etwas anderes im Kopf.«

Der Lehrer zeigt Mister Kläx, Amelie und Lukas das Foto eines Verbrechers. Nach einiger Zeit nimmt er das Bild wieder weg und fragt Amelie: »Was ist dir aufgefallen?« – »Er hat nur ein Ohr!« – »Aber nein! Das Bild ist doch von der Seite aufgenommen!« Nun fragt er Lukas. Der antwortet: »Er hat nur ein Auge!« – »Aber nein! Das Bild ist von der Seite aufgenommen!« Der Lehrer versucht es bei Mister Kläx: »Was ist dir aufgefallen?« – »Er trägt Kontaktlinsen.« – »Super! Wie hast du das erkannt?« – »Na, mit nur einem Auge und einem Ohr kann er schlecht eine Brille tragen!«

Lars geht über den Schulhof und fragt Nora: »Willst du mit mir gehen?« Nora antwortet: »Fällt dir denn nichts Besseres ein?« – »Doch, Laura! Aber die wollte nicht …«

Fragt der Deutschlehrer seine Schüler: »Wer kann mir sagen, ob es der Monitor oder das Monitor heißt?« Antwortet Fabian: »Wenn Moni ein Tor schießt, dann heißt es das Monitor.«

»Lukas, was ist die Zukunfts-form von ›ich stehle‹?« – »Ich komme ins Gefängnis.«

Klein-Lena fragt ihre Mutter: »Warum muss ich denn Englisch lernen?« Darauf die Mutter: »Weil die halbe Welt Englisch spricht.« Klein-Lena: »Reicht das denn nicht?«

129

In der Geografiestunde fragt der Lehrer die Schüler: »Wenn ich im Schulhof ein tiefes Loch grabe, wo komme ich dann hin?« Ein Schüler antwortet: »Ins Irrenhaus.«

Tanja flüstert Lina im Unterricht zu: »Die neue Lehrerin ist ja eine ganz schöne Ziege, nicht wahr?« Sagt die Lehrerin: »Tanja, halt den Mund, das weiß Lina bestimmt selbst!«

Anton zum Lehrer: »Was haben Sie unter meinen Aufsatz geschrieben?« – »Deutlicher schreiben!«

Im Sachunterricht fragt der Lehrer: »Wer kann mir erklären, was Wind ist?« Die schnelle Johanna meldet sich und erklärt: »Wind ist Luft, die es sehr eilig hat!«

Franzi kommt am ersten Schultag enttäuscht aus der Schule. Ihre Mutter fragt sie: »Franzi, was hast du denn?« – »Die nennen das ›erste Klasse‹, dabei muss man auf Holzbänken sitzen!«

Lehrer: »Aus welchem Land kommst du?« Schüler: »Czechoslovakia.« Lehrer: »Buchstabiere das mal für uns!« Schüler: »Ich glaube, eigentlich bin ich in Ungarn geboren…«

130

Im Grammatikunterricht versucht die Lehrerin den Schülern durch Beispiele die Zeiten zu erläutern. Lehrerin: »Wenn ich sage ›Ich bin schön‹, welche Zeit ist das?« Ein vorwitziger Schüler antwortet: »Vergangenheit!«

Sarah und ihre Mutter gehen einkaufen. Sarah fragt ihre Mutter: »Mama, kannst du mir fünf Euro für einen alten Mann geben?« Die Mutter antwortet: »Ja, ich freue mich, wenn du anderen Menschen helfen möchtest. Wo ist denn der alte Mann?« Sarah antwortet: »Er steht vor dem Schulhof und verkauft Eis.«

»Franz, du musst deutlicher schreiben!«, sagt der Lehrer in der Schule. Franz sagt: »Aber das geht nicht, dann können Sie ja meine Fehler sehen!«

Der Schuldirektor hat einen Brief von einer englischen Schule bekommen. Irgendwo steht der Satz: »I don't know«, den der Schuldirektor nicht versteht. Er geht zu seiner Sekretärin und fragt: »Was heißt eigentlich ›I don't know‹?« Antwortet diese: »Ich weiß es nicht.« Schuldirektor: »Schade, dann muss ich jemand anderes fragen!«

Pia schläft im Unterricht ein. Der Lehrer weckt sie: »Ich glaube nicht, dass hier der richtige Ort zum Schlafen ist!« – »Doch, doch«, murmelt Pia. »Das geht schon. Sie müssten nur etwas leiser sprechen…«

Der kleine Moritz kommt weinend nach Hause. Fragt die Mama: »Warum heulst du denn, Moritz?« – »Der Lehrer hat uns heute in der Schule gefragt, was der liebe Gott ist.« – »Ja, und was hast du darauf geantwortet?« – »Dass der liebe Gott ein Sieb ist.« – »Aber Fritzchen, der liebe Gott ist doch ein Schöpfer und kein Sieb!« – »Siehst du, Mama, ich wusste, dass es was aus der Küche ist!«

Ein Vater sagt zu seiner Tochter: »Dein Lehrer hat gerade angerufen und er hat gesagt, dass er sich sehr viele Sorgen um deine Noten macht.« Aber die Tochter antwortet: »Ach Papa, wie du doch immer so schön sagst: Was gehen uns die Sorgen anderer Leute an?«

»Sag mal Lukas, ist dein Lehrer wirklich so streng?« – »Streng ist gar kein Ausdruck. Im Biologieunterricht hat er sogar das Skelett angeschrien.«

»Hitze dehnt aus, Kälte zieht zusammen. Wer weiß ein Beispiel?« – »Die Ferien im Sommer dauern sechs Wochen, die im Winter nur zwei!«

Mit Tränen in den Augen steht Max vor seinem Lehrer: »Ich finde auch nicht immer alles gut, was Sie machen. Aber renne ich deswegen immer gleich zu Ihren Eltern?«

Im Sachkundeunterricht erklärt die Lehrerin: »Ein Reptil ist ein Tier, das nicht gehen und stehen kann, sondern immer auf dem Boden kriecht. Wer kann mir ein Reptil nennen?« Nina meldet sich: »Mein kleines Brüderchen!«

132

Lehrer: »Was verstehen wir unter einer Mumie?« Schüler: »Ein alter König – eingemacht!«

»Wo ist dein Zeugnis, Paul?« – »Ach, das habe ich dem Johann geliehen, der will damit seinen Vater erschrecken.«

Aufregung in der Grundschule: Der Herr Schulrat wird erwartet und der Lehrer redet seinen Schülern noch mal ins Gewissen. Ganz wichtig sei es vor allem, den Herrn Schulrat auf keinen Fall zu duzen, sondern stets mit »Sie« anzusprechen, bläut er den Schülern ein. Der Schulrat kommt, setzt sich ins Klassenzimmer und verfolgt wohlwollend den Unterricht. Schließlich möchte er den Kindern auch noch einige Frage stellen und pickt sich die neunjährige Luise heraus: »Na, meine Kleine. Nenne mir doch bitte das achte Gebot.« – »Sie sollen nicht stehlen, Herr Schulrat!«

»**Nun, Herbert, kannst du mir sagen,** zu welcher Familie der Wal gehört?« Herbert überlegt eine Weile und schüttelt den Kopf: »Nein«, erklärt er dann, »ich kenne keine Familie, die einen Wal hat.«

Lukas schläft im Unterricht. Die Lehrerin weckt ihn auf und fragt: »Weißt du, was du bist?« – »Na klar, ein aufgeweckter Schüler!«

Der Lehrer behandelt im Unterricht die Wärmelehre. »Nenne mir doch mal ein Beispiel, wie man Wärme erzeugen kann!«, sagt er zu Fritzchen. Fritzchen denkt nach: »Ich weiß es nicht, Herr Lehrer!« »Nun«, will der Lehrer dem Fritzchen helfen, »reibe doch einmal ganz fest deine Hände! Was bemerkst du dann?« Fritzchen macht, was ihm gesagt wurde, und antwortet beglückt: »Dreckwürstchen, Herr Lehrer!«

Die Lehrerin erklärt: »Pilze wachsen an feuchten Stellen im Wald.« »Aha«, sagt Andy, »deshalb sehen sie auch aus wie Regenschirme!«

Peter erzählt seinem Freund nach der Klassenarbeit: »Mir ist nichts eingefallen, ich habe ein leeres Blatt abgegeben.« »Ich auch«, sagt sein Freund, »hoffentlich denkt der Lehrer nicht, wir hätten voneinander abgeschrieben.«

134

Stöhnt der Lehrer: »Die Kinder werden immer schlimmer. Jetzt sagen sie bei Arbeiten schon: ›Ich weiß nicht, nehme ich den Fifty-Fifty-Joker oder frage ich doch lieber meine Mitschüler?‹«

Fragt der Lehrer: »Wie nennt man Lebewesen, die teils im Wasser leben, teils auf dem Lande leben?« Otto meldet sich: »Badegäste, Herr Lehrer!«

Der Lehrer im Sozialkundeunterricht: »Wusstet ihr, dass bei jedem Atemzug, den ich mache, ein Mensch stirbt?« Da kommt eine Stimme aus der letzten Bank: »Vielleicht sollten Sie es mal mit Mundwasser versuchen!«

In der Deutschstunde. Die junge Lehrerin legt ihren neuen Hut auf den Tisch und fordert die Kinder auf, ihn zu beschreiben. Nach einiger Zeit meldet sich ein Mädchen: »Schreibt man ›scheußlich‹ mit ›Doppel-S‹ oder mit ›scharfem S‹?«

Der Lehrer in der Schule zu seinen Schülern: »Ihr seid so schlecht in Mathe, dass 60 Prozent von euch eine Fünf im Zeugnis bekommen werden.« Fritzchen: »Haha, so viele sind wir ja gar nicht!«

Erster Schultag in der Prärie. Die Lehrerin fragt den Sohn des Häuptlings: »Na, und wie heißt du?« – »Ich heiße Kleiner-Vogel-der-von-Ast-zu-Ast-fliegt-singt-und-zwitschert.« »Ein bisschen lang dein Name«, sagt die Lehrerin, »Wie nennen dich denn deine Freunde?« – »PIEP!«

In der Schule wird Adrian von der Lehrerin gefragt, warum er in letzter Zeit kaum noch Hausaufgaben macht. Er antwortet ihr: »Ich werfe immer eine Münze. Wenn sie auf die Zahl fällt, spiele ich Computer, fällt sie auf den Kopf, schaue ich mir Videos an. Und fällt sie auf den Rand, dann mache ich meine Hausaufgaben.«

135

»Wer kann mir sagen, wo der Strom herkommt?« fragt der Lehrer. »Aus dem Urwald«, behauptet Peter. »Wieso aus dem Urwald?«, staunt der Lehrer. »Ja, gestern Morgen, als sich mein Vater rasieren wollte, fluchte er laut vor sich hin: Jetzt haben diese Affen schon wieder den Strom abgestellt!«

Der englische Austausch-Schüler: »Ist prügeln und schlagen eigentlich dasselbe?« – »Ja, sicher!« – »Und warum lachen immer alle, wenn ich sage, es hat zwölf geprügelt?«

Fragte der Neue in der Schulklasse: »Wann macht ihr Pause?« – »Nie! Wir schlafen durch.«

Manfred kommt von der Schule heim und sagt zum Vater: »Hier ist mein Zeugnis. Und was ich noch sagen wollte: Fernsehgucken macht mir sowieso keinen Spaß mehr!«

Warum trägt der Lehrer im Unterricht eine Sonnenbrille? Weil er so glänzende Schüler hat!

Seit Stunden wartet ein Lehrer mit seiner dritten Klasse auf den Zug. Schließlich reißt ihm der Geduldsfaden: »In den nächsten Zug steigen wir ein, egal ob erste oder zweite Klasse draufsteht!«

»Man darf Tiere niemals küssen«, sagt warnend der Lehrer, »weil das sehr gefährlich ist wegen der vielen Krankheiten, die dabei übertragen werden können. Kann mir jemand ein Beispiel nennen?« – »Ja, Herr Lehrer, ich. Meine Tante hat immer den Papagei geküsst.« – »Und?« – »Das Tier ist eingegangen.«

136

Der Lehrer erklärt seinen Schülern die Verkleinerungsformen: »Brot – Brötchen, Torte – Törtchen, Haus – Häuschen. Und nun, Daniel, bist du dran. Kannst du mir ein Beispiel nennen?« – »Kitt – Kittchen«, kommt es wie aus der Pistole geschossen.

Peter kommt mal wieder zu spät zur Schule. Der Lehrer fragt: »Hast du keinen Wecker?« »Doch«, sagt Peter, »aber der klingelt immer schon, wenn ich noch schlafe.«

Der kleine Martin ist eine Niete in Mathematik. Seine Eltern versuchen alles: Lehrer, Erzieher, Quizkarten – nichts hilft. Schließlich entscheiden sie sich, ihren Sohn auf eine katholische Schule zu schicken. Schon am ersten Tag nach der Schule läuft Martin durch die Tür und schnurstracks in sein Zimmer, sogar ohne seiner Mutter einen Kuss zu geben. Er beginnt, wie wild zu lernen. Dieses Betragen dauert wochenlang an, bis zum Tag der Zeugnisse. Stolz zeigt Martin seine erste eins in Mathe. Seine Mutter fragt ihn erstaunt: »Martin, Liebling, wie ist das passiert?« Da antwortet Martin: »Am ersten Tag, als ich in der Schule den Burschen sah, der an das Pluszeichen genagelt war, wusste ich, die verstehen keinen Spaß!«

137

»Wenn ich sage: ich war schön«, erklärt die Lehrerin, »so ist das die Vergangenheit. Wenn ich aber sage: Ich bin schön – was ist das, Fritzchen?« – »Eine Lüge!«

Der Schulrat fragt: »Wie viele Inseln gibt es in der Karibik und wie heißen sie?« Antwort des gefragten Schülers: »Es gibt viele Inseln in der Karibik, und ich heiße Franz.«

Der Lehrer hat Willi in der Klasse während des Unterrichts beim Kartenspielen erwischt. »Ja sag mal«, schnaubt der Lehrer, »du spielst doch hier nicht etwa?« Beruhigt ihn Willi: »Aber was denken Sie denn, Herr Schwarz – mit dem Blatt doch nicht!«

Lehrer: »Warum sind braune Eier braun?« Lina: »Weil sie in den Sommerferien im Urlaub waren.«

Ein Schüler am Fahrkartenschalter: »Ich hätte gerne eine Fahrkarte nach Bremen.« »Welche Klasse?«, fragt der Schalterbeamte. – »Klasse 2c!«

In der Pause streiten sich zwei Jungs. »Du bist ein Affe!« – »Du bist ein noch größerer Affe!« Da kommt der Lehrer dazu und sagt: »Ihr habt wohl vergessen, dass ich auch noch da bin!«

Beim Wandertag sieht die Schulklasse Schwäne auf einem See. Fragt die Lehrerin: »Na, hättet ihr auch gerne so lange Hälse?« Antwortet Noah: »Beim Waschen nicht, beim Diktat schon!«

138

Lehrer: »Welche Muskeln würden in Aktion treten, wenn ich boxen würde?« Paul: »Meine Lachmuskeln, Herr Lehrer!«

Charlotte aus der ersten Reihe fragt: »Herr Lehrer, ist der Stille Ozean eigentlich den ganzen Tag still?« Lehrer: »Frag doch bitte mal etwas Vernünftiges!« Charlotte: »Woran ist eigentlich das Tote Meer gestorben?«

HAHA!

Der Lehrer fragt: »Was passiert mit Silber, wenn man es längere Zeit der frischen Luft aussetzt?« Darauf Noah: »Es wird gestohlen!

Sagt der Lehrer: »Ich habe euch von der Klapperschlange erzählt. Wer kann mir ein ähnliches Tier nennen, dem man nicht trauen kann?« Meldet sich Peter: »Der Klapperstorch, Herr Lehrer?«

Der Chemielehrer sagt: »Ich werde jetzt ein gefährliches Experiment vorführen. Wenn es nicht glückt, fliege ich in die Luft. Kommt mal ein bisschen näher, dass ihr mir besser folgen könnt!«

Lehrerin: »Ich lege drei Eier auf diesen Tisch. Du legst ein Ei dazu. Wie viele sind es im ganzen?« Lukas: »Drei. Ich kann keine Eier legen.«

Fragt der Lehrer den müden Tobi: »Nenne mir einige berühmte Leute!« – »Michael Jackson, Britney Spears, Robbie Williams.« – »Und wie wäre es mit Albert Einstein und Goethe?« – »Tut mir leid, die Schlagzeuger merke ich mir nie.«

»Simon, ich habe dir doch gestern eine ganz klare Aufgabe gestellt«, sagte der Lehrer. »Sie lautete: Wenn ein Mann in einer Stunde vier Kilometer geht, wie lange braucht er dann für 72 Kilometer? Nun, und wo ist deine Lösung?« – »Tut mir Leid, Herr Lehrer, aber mein Vater ist noch unterwegs …«

Lehrer: »Warum enthält die Milch auch Fett?« Till: »Weil sonst das Euter beim Melken quietschen würde«

»Wo wurde Jesus geboren, Noah?« – »In Erkorn, Herr Lehrer!« – »Wie kommst du denn darauf?« – »Na, wir singen doch immer: Uns ist ein Kindlein heut geborn, von einer Jungfrau aus Erkorn!«

Ein kleiner Junge steht auf und sagt zur Lehrerin: »Tante, ich muss mal!« – »Hör mal, Peterle, in einem derartigen Fall sollst du den Finger hochheben!« – »Soo?«, fragt der Kleine erstaunt. »Damit geht es auch?«

»Wer kennt eine Bauernregel?«, will der Lehrer von seinen Schülern wissen. Meldet sich die kleine Katharina: »Sind die Hühner platt wie Teller, war der Traktor wieder schneller!«

140 Trifft ein Schüler seinen alten Lehrer und fragt ihn: »Kennen Sie mir nicht? Bei Sie habe ich doch Deutsch gelernt!«

»Sag mal«, schimpft die Lehrerin, »was hast du bloß für dreckige Hände!« »Das ist doch noch gar nichts«, meint Oskar, »Sie müssten mal meine Füße sehen!«

Lehrer: »Wie nennt man einen Menschen, der stiehlt?« Jana: »Weiß ich nicht.« Lehrer: »Denk nach! Wenn ich meine Hand in deine Tasche stecke und 100 Euro herausziehe, was bin ich dann?« Jana: »Ein großer Zauberer!«

Vor der Schule steht mittags ein beleibter Herr und möchte seine Tochter abholen. Fragt ihn eine Lehrerin: »Erwarten Sie ein Kind?« »Nein«, antwortet der Vater, »ich bin von Natur aus so dick.«

Thomas zur Lehrerin: »Es hat acht Beine, grüne Augen und einen gelben Rücken – was ist das?« – »Das kann ich dir nicht sagen.« – »Ich weiß es auch nicht, aber es läuft gerade über Ihr Kleid.«

Aus einem Aufsatz: Alle Welt horchte auf, als Luther 1517 seine 95 Prothesen an die Schlosskirche zu Wittenberg schlug.

Lehrer: »**Das Wörtchen ›ledig‹ hat zu bedeuten,** dass jemand noch nicht verheiratet ist. Was ist also dein Vater, wenn er geheiratet hat?« Noah: »Der ist erledigt, Herr Lehrer!«

Hanno kommt aufgeregt und zu spät in die Schule: »Bitte, bestrafen Sie mich nicht! Ich bin von Räubern überfallen worden!« – »Was hat man dir geraubt?« – »Gott sei Dank nur die Hausaufgaben!«

141

Die Kinder sollen in der Schule Gedichte aufsagen. Felix ist an der Reihe: »Ein Fischer saß am Nordseestrand und hielt 'ne Angel in der Hand. Er möchte fangen einen Barsch, das Wasser stand ihm bis zum Knie.« »Das reimt sich aber wirklich nicht«, rügt der Lehrer. »Doch, tut es«, behauptet Felix. »Sie müssen nur warten, bis die Flut kommt!«

Stefan geht in die Schule.
Fragt die Lehrerin: »Stefan, wo
fließt die Saale?« Sagt Stefan:
»Ich muss mal.« Fragt die
Lehrerin: »Stefan, wo fließt
die Saale?« Dieser sagt
wieder: »Ich muss mal.«
Sagt die Lehrerin: »Stefan,
zum letzten Mal: Wo fließt die
Saale?!« Da antwortet Stefan:
»Unter meinem Schreibtisch.«

»Nun Sophie«, fragt der Lehrer, »kannst du mir ein
durchsichtiges Metall nennen?« – »Ja, Maschendraht.«

142

»Wer kann mir sagen, warum die Fische stumm
sind?« – »Reden Sie mal unter Wasser, Herr Lehrer!«

Ein kleiner Junge war zwei Tage nicht in der Schule. Am dritten Tag bringt er die Entschuldigung für seine
Lehrerin: »Hiermit entschuldige ich das Fehlen meines
Sohnes in der Schule. Er war sehr krank. Hochachtungsvoll,
meine Mutter«

Sepp bohrt mit dem Zeigefinger in der Nase. Sagt
die Lehrerin: »Man bohrt nicht mit dem Zeigefinger in der
Nase!« Fragt Sepp: »Mit welchem denn dann?«

**Lehrer: »Wer von euch weiß noch, womit der Prinz
Dornröschen geweckt hat?«** Keiner antwortet. Da gibt
der Lehrer eine Hilfe: »Denkt mal nach. Es ist dasselbe, was
euch eure Mutter morgens gibt!« Da meldet sich Paul:
»Mit einem Glas Milch!«

Fragt der Lehrer Lukas: »Wenn ich mich auf den Kopf stelle, läuft mir dann das Blut in den Kopf?« – »Ja.« – »Und wenn ich mich auf die Füße stelle?« – »Nein.« – »Warum nicht?« – »Weil Ihre Füße nicht hohl sind!«

Lehrer: »Wie heißen deine Eltern?« Schüler: »Schatzi und Dicker.«

Fragt der erboste Rektor den Schüler: »Na hör mal, was fällt dir denn ein, meine Tür einzutreten?« Verteidigt sich der Schüler: »Aber an der Tür hing doch das Schild: Bitte eintreten!«

Noah kommt zufrieden aus der Schule: »Wir haben heute Sprengstoff hergestellt!« – »Und was macht ihr morgen in der Schule?« – »Welche Schule?«

143

»Ich will nicht in die Schule!« – »Aber du musst in die Schule!« – »Die Schüler mögen mich nicht, die Lehrer hassen mich, der Hausmeister kann mich nicht leiden, und der Busfahrer kann mich nicht ausstehen.« – »Jetzt reiß dich bitte zusammen: Du bist jetzt 50 Jahre alt und der Direktor – du musst in die Schule!«

In der Schule wurde eine neue Garderobe angebracht. Auf einem Schild darüber ist vermerkt: »Nur für Lehrer.« Am nächsten Tag klebt ein Zettel unter dem Schild: »Man kann aber auch Jacken aufhängen!«

»Wer streitet bei euch denn da so laut?«, fragt der Nachbar den kleinen Mattis. »Das sind mein Vater und mein Opa.« – »Und warum brüllen die so?« – »Die machen gerade meine Hausaufgaben.«

Der Oberschulrat will wissen, ob Fritzchen auch etwas kann. Er fragt: »Wie heißt der größte Kontinent?« Fritzchen: »Das ist Europa.« Der Oberschulrat: »Fritzchen, da hast du falsch gedacht, das ist Asien. Und welches ist das größte Tier?« Fritzchen: »Der Elefant.« Der Oberschulrat: »Fritzchen, da hast du falsch gedacht, das ist die Giraffe.« Fritzchen: »Ich möchte Sie auch etwas fragen: Welches Wort fängt mit A… an und hört mit …och auf?« Der Oberschulrat: »Aber Fritzchen, so etwas sagt man nicht!« Fritzchen: »Da haben Sie falsch gedacht, ich dachte an Aschermittwoch.«

Fünfzigmal muss Johann den Satz »Ich soll meine Lehrerin nicht duzen« zu Papier bringen. Doch als er sein Heft abliefert, hat er den Satz sogar hundertmal geschrieben. »Wieso hast du das denn doppelt so oft geschrieben?«, will die Lehrerin wissen. »Ach – weil du's bist«, antwortet Johann strahlend.

144

Die Entdeckung Amerikas steht auf dem Stundenplan. »David, was sagte Christoph Kolumbus«, will der Geschichtslehrer wissen, »als seine Matrosen unruhig wurden und meutern wollten?« David überlegt einen Augenblick, dann hat er es: »›Matrosen, beruhigt euch‹, sagte Kolumbus, ›bald haben wir den zwölften Oktober 1492, dann sind wir ja in Amerika!‹«

In der Physikstunde fragt der Lehrer: »Wer von euch kann mir einen durchsichtigen Körper nennen?« Meldet sich Streber Paul: »Glas.« – »Sehr richtig, Paul. Noch einen?« Meldet sich der vorlaute Thomas: »Das Schlüsselloch!«

Fritzchen zur Mutter: »Morgen kommt der Erdbeerschorsch und filmt uns.« Die Mutter schaut verdutzt und erkundigt sich beim Lehrer. Darauf der Lehrer: »Aber nein, morgen kommt der Erzbischof und firmt die Kinder!«

Benni ist aufgerufen worden und kann die schwere Frage des Lehrers nicht beantworten. »Der Lehrer ist wirklich ein fieser Typ!«, flüstert ihm sein Banknachbar zu. »Nicht vorsagen!«, ermahnt der Lehrer. »Er wird schon noch von selbst drauf kommen.«

»Oh Mann, habe ich mich heute in der Schule blamiert«, meint Peter, als er nach Hause kommt. »Ich habe den Äquator nicht gefunden.« »Siehst du«, schimpft die Mutter, »das kommt von deiner ständigen Unordnung in der Schultasche!«

145

Was Fritzchen mal werden will...

Zwei Fallschirmspringer sausen auf die Erde zu. Der eine Profi, der andere Anfänger. »Mann, öffne doch deinen Schirm!«, brüllt der Profi. »Wieso?«, brüllt der Anfänger zurück. »Regnet es denn?«

»Haben Sie mal drei Sekunden Zeit?«, fragt ein Zuschauer den Schiedsrichter nach dem Abpfiff. »Ja, wofür denn?« – »Damit Sie mir mal in aller Ruhe alles erzählen können, was Sie über Fußball wissen!«

Kommt ein Mann ganz erschöpft zur Arbeit. Fragt der Chef: »Wieso sind Sie denn so erschöpft?« – »Ich bin dem Bus hinterhergerannt und hab zwei Euro gespart.« Der Chef darauf: »Wären Sie dem Zug hinterhergerannt, hätten Sie fünf Euro gespart!«

Kommt eine Frau an einer Tankstelle zum Tankwart und sagt: »Entschuldigen Sie, aber ich habe meinen Schlüssel im Auto liegen gelassen, die Tür ist zugefallen und ins Schloss gesprungen. Wissen Sie vielleicht, wie ich ihn wieder herausbekomme?« Sagt der Tankwart: »Ist das Fenster einen Spalt geöffnet?« – »Ja.« – »Gut. Dann versuchen Sie, den Schlüssel mit dieser Drahtschlinge herauszuangeln.« Er gibt der Frau einen Draht, diese läuft zum Auto. Zehn Minuten später kommt ein Mann zum Tankwart und kann sich vor Lachen nicht mehr halten. Fragt der Tankwart: »Wieso lachen Sie denn so?« Antwortet der Mann: »Da draußen steht eine Frau vor ihrem Auto und versucht mit einer Drahtschlinge ihren Schlüssel zu angeln.« – »Was ist denn daran so komisch, das kann doch jedem mal passieren!« – »Ja, schon. Aber in dem Auto sitzt ein Mann und sagt die ganze Zeit: ›Zu weit rechts, nein, jetzt zu weit links!‹«

Zwei Gärtner arbeiten am Straßenrand. Einer gräbt ein Loch, der andere schaufelt es wieder zu. Kommt ein Mann vorbei und fragt: »Was treibt ihr denn da?« Sagt einer der Gärtner: »Eigentlich sind wir zu dritt, aber der, der die Bäume setzt, ist krank.«

Lotte fragt den Schäfer: »Wie viele Schafe haben Sie eigentlich in Ihrer Herde?« – »Keine Ahnung«, erwidert der Schäfer, »beim Zählen schlafe ich immer ein.«

Zwei Männer müssen ein Klavier in den zehnten Stock eines Hochhauses tragen. Sagt der eine zum anderen: »Ich hab eine gute und eine schlechte Nachricht. Die gute ist, dass wir schon im siebten Stock sind.« – »Und die schlechte?«, schnauft der andere. »Dass wir im falschen Haus sind.«

149

Drei Handwerker diskutieren darüber, welcher Beruf wohl am ältesten ist. Sagt der Maurer: »Mein Beruf ist der älteste. Wir Maurer haben nämlich schon die Pyramiden gebaut.« Erwidert der Gärtner: »Kann ja sein, aber mein Beruf ist älter: Wir haben nämlich damals den Garten Eden bepflanzt!« Sagt der Elektriker: »Na und? Mein Beruf ist immer noch der älteste! Als Gott gesagt hat ›Es werde Licht‹, da hatten wir schon vorher die Leitungen gelegt!«

Sagt der Gast zum Ober: »Herr Ober, da liegt ein Zahn in meiner Suppe.« Darauf der Ober: »Sie sagten doch, ich soll einen Zahn zulegen!«

Ein Polizist winkt einen Mann von der Autobahn. Sagt der Polizist: »Blasen Sie bitte da rein.« – »Geht nicht, ich hab Asthma.« – »Dann nehmen wir Ihnen Blut ab.« – »Geht auch nicht, ich hab 'ne Blutkrankheit.« – »Dann laufen Sie bitte diesen geraden Strich entlang.« – »Geht auch nicht, ich bin betrunken.«

Der Arzt sagt zum Patienten: »Ich schreibe Ihnen ein Rezept.« Sagt der Patient: »Toll! Kochen Sie denn auch so gerne wie ich?«

150 **»Diesen Mantel«, sagt die Verkäuferin, »können Sie das ganze Jahr über tragen!«** Fragt die Kundin: »Ja, aber was mache ich im Sommer?« Antwortet die Verkäuferin: »Dann tragen Sie ihn über dem Arm!«

Der Busfahrer kommt mit dem Bus an die Haltestelle. Es steigt ein sehr dicker und von oben bis unten in Leder gekleideter Mann ein und sagt: »Django zahlt heute nix!« Darauf der Busfahrer ganz ängstlich: »Ja... äh ja... okay!« Am nächsten Tag das gleiche Spiel: An der gleichen Haltestelle steigt der Dicke wieder ein und sagt knurrend: »Django zahlt heut nix!« Der Busfahrer tut so, als hätte er nichts bemerkt. Nach etwa einer Woche, in der sich die Szene jeden Tag wiederholt hat, denkt der Busfahrer: »Jetzt muss ich mir doch mal ein Herz nehmen und den Mann ansprechen, sonst zahlt hier bald keiner mehr.« Als der Mann reinkommt und seinen Spruch aufsagt, entgegnet der Busfahrer: »Warum zahlt Django heute nichts?« Sagt der Dicke: »Django hat 'ne Monatskarte!«

Sitzen zwei Bauarbeiter auf dem Gerüst und machen Mittagspause. Der eine fängt an zu essen und der andere packt sein Brot aus, klappt es auseinander, schmeißt es weg und schimpft dabei: »Mist, Leberwurst. Ich habe meiner Frau schon so oft gesagt, dass ich keine Leberwurst mag.« So geht das jeden Tag, nur am Freitag schmeißt er, ohne diesmal draufzuschauen, das Brot wieder weg und meckert wieder über die Leberwurst. Fragt sein Kollege: »Du hast ja gar nicht draufgeschaut, woher weißt du denn, dass Leberwurst drauf war?« Sagt der andere: »Heute habe ich es mir ja selber geschmiert.«

Ein Reisender steht vor dem Hotelportier. Er fragt: »Hätten Sie ein Zimmer frei, wenn die Frau Bundeskanzlerin jetzt vor Ihnen stünde?« Der Hotelportier: »Wie bitte? Die Frau Bundeskanzlerin? Aber sicher! Für die ist doch immer ein Zimmer frei.« – »Dann geben Sie mir ihr Zimmer! Sie kommt heute nicht mehr!«

151

»Tut mir leid, mein Herr«, entschuldigt sich der Kellner, »aber uns sind die Hähnchen ausgegangen.« – »Macht nichts«, meint der Gast, »wann kommen sie denn zurück?«

Ein Mann brachte sein Auto in eine Werkstatt. Am nächsten Tag war das Auto fertig und der Besitzer holte es wieder ab. Doch am Tag darauf kam er wieder in die Werkstatt, nur um das Auto am folgenden Tag wiederum abzuholen. So ging es eine Weile, bis der Mechaniker fragte, warum das Auto immer wieder kaputtginge. Der Fahrer sagte: »Ich schalte in den ersten Gang, dann in den zweiten, den dritten, den vierten, den fünften, und dann in ›R‹ für Rallye.«

Sagt ein Mann zum Richter: »Seit zwanzig Jahren schmeißt meine Frau mit Blumentöpfen nach mir.« Fragt der Richter: »Und warum lassen Sie sich jetzt erst scheiden?« Antwortet der Mann: »Jetzt trifft sie!«

152

Fragt ein Richter: »Wieso haben Sie denn das Fahrrad gestohlen?« »Ich dachte, der Besitzer sei gestorben, weil das Fahrrad am Friedhof stand.«

»Herr Ober, in meiner Suppe schwimmt eine tote Fliege!« »Mit Verlaub, mein Herr. Tote Tiere können nicht schwimmen.«

Der Zahnarzt zu Mister Kläx: »Das ist aber ein großes Loch, großes Loch!« Mister Kläx: »Sie müssen das doch nicht zweimal sagen!« Darauf der Zahnarzt: »Habe ich ja nicht, das war das Echo.«

Die Marktfrau sagt zur Kundin: »Leider habe ich nur noch sechs Hühner zur Auswahl hier.« Die Kundin antwortet: »Das macht nix. Suchen sie mir die drei ältesten aus.« Die Marktfrau unterdrückt ein Schmunzeln und kommt dem Wunsch der Kundin nach. »Darf ich die Hühner gleich einpacken?« – »Nein, danke. Ich nehme die anderen drei…«

An der Grenze. Der Grenzbeamte sagt zu einem Fußballer: »Zeigen Sie mir doch mal Ihren Pass!« Daraufhin antwortet der Fußballer: »Ja, gerne, haben Sie einen Ball?«

Nach der erneuten Niederlage macht der Trainer mit seiner Mannschaft einen Rundgang durchs Stadion. »So, Jungs«, sagt er, »wo die Fotografen sind, wisst ihr ja. Den Standort der Fernsehkameras kennt ihr auch – und nun zeige ich euch noch, wo die Tore stehen!«

153

Kommt ein Mann zum Arzt und sagt: »Herr Doktor, immer, wenn ich Kaffee trinke, kann ich nachts nicht schlafen!« Sagt der Arzt nachdenklich: »Komisch, bei mir ist es genau umgekehrt: Immer, wenn ich schlafe, kann ich keinen Kaffee trinken.«

»Herr Ober, auf dem Salat hüpft eine Fliege!«, klagt Mister Kläx. Meint der Ober: »Für fünf Euro gibt's auch kein Ballett!«

Kommt ein Mann in die Autowerkstatt und fragt den Mechaniker: »Geben Sie mir ein Paar neue Scheibenwischer für mein Auto?« Sagt der Mechaniker: »Klingt nach einem fairen Tausch.«

Ein Mann verlangt in der Apotheke ein Mittel gegen Schluckauf. Der Apotheker gibt ihm eine Ohrfeige. »Entschuldigen Sie, aber das hilft am besten.« – »Na gut, aber den Schluckauf hat meine Frau.«

»Mama, niemand will mit mir reden! Ich habe beim Bäcker angerufen, aber da war nur die Mehlbox dran. Dann habe ich ein Brötchen angerufen, aber es war belegt. Und als ich bei der Feuerwehr angerufen habe, haben die einfach meine Nummer gelöscht!«

»Angeklagter, warum in aller Welt sind Sie gerade in die Seifenabteilung des Warenhauses eingebrochen?« – »Herr Richter, mir ging es wirklich dreckig!«

154

Treffen sich zwei Klempner. Sagt der eine: »Gestern hab ich sechzig Meter Rohre verlegt!« Darauf der andere: »Macht nichts, die finden wir schon wieder.«

Flüstert der Patient auf dem Operationstisch: »Sie können die Maske ruhig abnehmen, ich habe Sie erkannt!«

Meint der Fußballtrainer zum Tenniscoach: »Am besten tauschen wir unsere Spieler gegenseitig aus. Meine treffen nicht ins Netz und deine hauen andauernd hinein.«

Verkehrsunfall. Das Opfer liegt bewusstlos am Boden. Ein Reporter will sehen, wer da verletzt liegt, kommt aber wegen der vielen Schaulustigen nicht durch. Als alter Hase ruft er: »Lasst mich durch! Der Verletzte ist mein Vater!« Sofort macht die Menge Platz und der Reporter steht … vor einem Esel.

Sagt der Richter zum Angeklagten: »Wir konnten nicht herausfinden, ob Sie das Geld gestohlen haben.« Sagt der Angeklagte: »Darf ich es jetzt behalten?«

»Was haben Sie?«, fragt der Arzt den neuen Patienten. »Eine leere Garage.« – »Das will ich nicht wissen. Was fehlt Ihnen?« – »Ein Auto.«

In einem Flugzeug sitzen fünf Verrückte. Fast alle Stewardessen haben schon probiert, sie zu beruhigen, bis auf eine. Die fragt der Pilot: »Können Sie es nicht noch versuchen? Sie sind unsere letzte Hoffnung.« – »Natürlich«, antwortet die Stewardess und verschwindet. Nach kurzer Zeit kommt sie zurück und alle Verrückten sind ruhig. Da fragt der Pilot: »Wie haben Sie das denn geschafft?« – »Ganz einfach«, antwortet die Stewardess. »Ich habe denen einfach ein paar Mathe-Aufgaben gegeben.« Nach einiger Zeit machen die Verrückten wieder einen Höllenlärm. Da fragt der Pilot die Stewardess erneut: »Können Sie es nicht noch einmal versuchen?« – »Ja, ich werde mein Bestes geben.« Nach kurzer Zeit kommt sie wieder und alles ist ruhig. Da fragt der Pilot ganz erstaunt: »Wie haben Sie es dieses Mal gemacht?« – »Ganz einfach. Ich habe die Mathe-Aufgaben kontrolliert und sie waren alle richtig. Da habe ich die Tür geöffnet und gesagt, dass sie zur Belohnung draußen spielen dürfen.«

155

Nach der Schönheitsoperation fragt der Chirurg: »Na, wie gefallen Sie sich?« Darauf die Patientin: »Gut, bis auf die Augen. Die hätte ich gerne größer gehabt.« – »Kein Problem«, erwidert der Chirurg. »Schwester, bringen Sie der Dame bitte mal die Rechnung!«

Der Richter zum Angeklagten: »Wann haben Sie Geburtstag?« – »Am 15. April!« – »Welches Jahr?« – »Na, jedes Jahr!«

Kommt ein Mann in die Bibliothek und sagt: »Ich will einen Hubschrauber basteln, weiß aber nicht, wie. Haben Sie ein Buch, in dem alles erklärt wird?« Die Bibliothekarin nimmt ein Buch aus dem Regal und antwortet: »Mit diesem Buch ist Ihre Arbeit schon halb getan!« Darauf der Mann: »Okay, dann nehme ich gleich zwei!«

156

Fragt ein Reporter einen Trainer: »Was mögen Sie eigentlich mehr: einen Sieg oder Weihnachten?« Antwortet der Trainer: »Weihnachten, das ist öfter.«

»Guten Tag, Herr Doktor. Ich habe Kopfschmerzen, Bauchschmerzen, Fußschmerzen, meine Hände schmerzen, meine Arme tun weh, mein Herz tut's nicht so richtig. Können Sie sagen, was mir fehlt?« – »Nein, Sie haben schon alles!«

Der Richter donnert: »Angeklagter! Wollen Sie mich veralbern? Warum erscheinen Sie in Rock und Bluse?« Der Angeklagte erwidert eingeschüchtert: »Aber in der Vorladung stand doch: Verhandlung in Sachen Ihrer Frau!«

Einem Arzt, der gerade vor dem OP-Saal vorbeigeht, rennt ein Patient in die Arme. Der Arzt fragt ihn: »Warum rennen Sie denn aus dem OP-Saal?« Der Patient: »Die Schwester hat gesagt: ›Regen Sie sich nicht so auf, das ist nur eine simple Blinddarmoperation. Sie werden es schon schaffen!‹« Der Arzt: »Und was ist daran schlimm?« Der Patient entgegnet: »Sie hat es nicht zu mir gesagt, sondern zum Chirurgen.«

Beim Zahnarzt: »Wieso schreien Sie denn so? Ich habe Ihre Zähne ja noch gar nicht berührt!« Der Patient: »Das nicht, aber Sie stehen auf meinem Fuß!«

Vor Gericht: »Angeklagter, nennen Sie uns den Namen Ihres Komplizen!« Der Angeklagte ganz entrüstet: »Na, hören Sie mal. Ich werde doch nicht meinen eigenen Bruder verpfeifen!«

»Angeklagter, bekennen Sie sich schuldig?« – »Nein, tue ich nicht!« – »Haben Sie ein Alibi?« – »Was ist ein Alibi?« – »Das heißt, hat Sie jemand gesehen, als der Diebstahl verübt worden ist?« – »Nein, zum Glück niemand ...«

Die Sekretärin klagt: »Chef, wir haben überhaupt keinen Platz mehr für unsere Unterlagen.« Der Chef weiß schnell eine Lösung: »Okay! Werfen Sie alles weg, aber bevor Sie das tun, machen Sie von allem noch eine Kopie.«

Der Zirkus brennt. Alle rennen schreiend durcheinander. »Keine Panik!«, ruft der Direktor. »Wozu haben wir denn zwei Feuerschlucker!«

Ein Trainer bittet einen Fußballer zu sich und sagt zu ihm: »Kannst du es heute lassen, mir Gegenfragen zu stellen?« Fragt der Fußballer: »Warum?«

158 »Hast du gehört? Unser Chef ist verstorben.« – »Ja, und ich frage mich die ganze Zeit, wer da mit ihm gestorben ist.« – »Wieso mit ihm?« – »Na, in der Anzeige stand doch: Mit ihm starb einer unserer fähigsten Mitarbeiter.«

Nach dem Spiel, das die Deutschen 4:0 verloren haben, denkt sich Gnabry: »Oh, jetzt haben wir so öde gespielt – wenn ich gleich mit dem Zug nach Hause fahren muss, werden mich bestimmt alle Leute beschimpfen!« Also verkleidet er sich als alter Mann. Auf dem Bahnhof spricht ihn eine alte Frau an und sagt: »Ja, Gnabry, da haben wir ja heute schlecht gespielt!« – »Wie?«, fragt Gnabry, »Sie haben mich erkannt?« – »Psst!«, sagt die alte Frau, »ich bin's, der Goretzka!«

Fritzchen geht ins Restaurant und sagt: »Ich habe nur fünf Euro, was können Sie mir dafür empfehlen?« Meint der Kellner: »Ein anderes Restaurant!«

Ein Feuerwehrmann schimpft: »Wirf doch nicht immer Papier ins Feuer!« Mister Kläx antwortet: »Aber warum denn nicht, das ist doch Löschpapier!«

»Wie alt bist du?«, fragt der Lehrer Nikolas. »Sechs!« – »Und was möchtest du mal werden?« – »Sieben!«

Die Polizei stoppt einen Autofahrer, der falsch abgebogen ist: »Haben Sie die Pfeile denn nicht gesehen?!« – »Nein, gibt's hier etwa Indianer?«

Musiker: »Ich habe 15 Jahre gebraucht, um dieses Wiegenlied zu schreiben.« Mister Kläx: »Warum denn?« – »Ich bin immer wieder eingeschlafen!«

Ein Maurer zum anderen: »Ich habe gerade ein Haus verputzt.« – »Und, war's lecker?«

159

Fragt der Malermeister seinen Sohn: »Wann ist Mutter denn endlich fertig mit Schminken?« Darauf der Kleine: »Mit dem Unterputz ist sie schon fertig, sie macht gerade den ersten Anstrich.«

Eine Mäusemutter zu ihrem Kind: »Der normale Arbeitsmarkt sieht in der Stadt leider schlecht aus – da kommst du bestenfalls als Computermaus auf einen grünen Zweig.« Sagt das Mäuschen trotzig: »Niemals! Da wird man doch nur von allen hin und her geschoben!«

»Herr Doktor, heute Nacht habe ich geträumt, ich wäre eine Kuh und würde einen Riesenhaufen Heu fressen.« – »Aber das ist doch nicht so schlimm.« – »Das sagen Sie! Als ich aufwachte, war aber meine Matratze weg!«

Drei Profifußballer sitzen im Flugzeug, als der Pilot kommt und sagt, dass sie abstürzen, er aber nur drei Fallschirme habe. Der Pilot schnappt sich einen und sagt: »Ich habe Frau und Kin-der« und

160

springt los. Darauf der erste Fußballer: »Ich bin der beste und klügste Fußballer der Welt!«, schnappt sich den zweiten und springt. Der zweite sagt zu seinem Kollegen: »Ich bin alt und du noch jung, nimm du den letzten Fallschirm!« Daraufhin erwidert dieser: »Bleib ruhig! Der klügste Fußballer der Welt ist gerade mit dem Schlafsack verschwunden!«

Kommt ein Mann mit nur drei Haaren zum Friseur. Der Friseur fragt den Mann, wie er es gerne haben möchte. Er daraufhin: »Eins rechts, eins links und den Rest wild durcheinander.«

Im Zoo gibt es zu wenige Affen. Ein Pfleger wird deswegen in ein Affenkostüm gesteckt und soll von Ast zu Ast turnen. Da verschätzt er sich bei einem Sprung, fliegt zu weit und landet in der Löwengrube. »Hilfe!!!«, fängt er an zu brüllen. Da zischt ihm ein alter Löwe ins Ohr: »Halt bloß den Mund oder willst du, dass wir alle unseren Job verlieren?«

Sekretärin zum Chef: »Herr Direktor, können Sie eigentlich Gedanken lesen?« – »O ja, das kann ich.« – »Dann entschuldigen Sie vielmals.«

Der Besucher betritt das Atelier des Bildhauers und schwärmt: »Meister, wie haben Sie diese herrliche Figur nur geschaffen?« – »Nun, ich habe sie aus einem Marmorblock gehauen.« – »Und woher wussten Sie vorher, dass sie drin war?«

Der Wursthändler ruft: »Heiße Würstchen, heiße Würstchen.« Antwortet Amelie: »Angenehm, ich heiße Amelie.«

Mister Kläx geht zum Arzt und sagt: »In letzter Zeit bin ich so vergesslich!« Der Arzt fragt: »Seit wann haben Sie das denn?« Mister Kläx: »Was?"

»Doktor, Doktor! Jeder glaubt, ich bin ein Lügner.« – »Das glaube ich Ihnen nicht.«

»Ihr Herz«, spricht der Arzt zu seinem Patienten, »gefällt mir gar nicht. Sie dürfen auf gar keinen Fall mehr schwere Arbeit verrichten. Was sind Sie denn von Beruf?« »Tja, das ist nicht so einfach! Aber im Hinblick auf Ihre ärztliche Schweigepflicht kann ich es Ihnen ja wohl sagen – ich bin Geldschrankknacker.« »Hm«, meint der Arzt nach kurzer Überlegung, »in diesem Fall wird nichts anderes übrig bleiben, als dass Sie umschulen auf Taschendieb.«

Bundeswehr, Morgenappell: »Rekrut Müller, ihre Haare hätten aber schon vor längerer Zeit geschnitten werden müssen!« – »Meine Haare sind vor längerer Zeit geschnitten worden, Herr Hauptfeldwebel!!!«

Frau Meier kommt ganz aufgeregt in das Modegeschäft: »Darf ich das Kleid im Schaufenster anprobieren?« – »Natürlich, aber wir haben auch Kabinen.«

Der Großbrand ist endlich gelöscht. Die Feuerwehr rollt die Schläuche zusammen und fährt die Leitern ein. Eine Menge Leute schaut zu. »Siehst du«, sagt da eine Mutter zu ihrem Sohn, »wie schön die Männer ihre Spielsachen wieder aufräumen!«

162 »**Herr Psychiater, mein Sohn glaubt, er sei ein Huhn.**« – »Nun ja, das ist ein seltener Fall, seit wann hat er diese Vorstellung denn schon?« – »Na ja, seit ca. drei Jahren.« – »Was? Und da sind Sie nicht früher zu mir gekommen.« – »Herr Doktor, wir haben doch nicht so viel Geld, und das morgendliche Ei zum Frühstück kommt schon sehr gelegen.«

»**Herr Ober, schließen Sie bitte das Fenster!**« – »Zieht es denn ?« – »Ja, mein Schnitzel ist schon zweimal vom Teller geweht!«

Der Arzt: »Frau Schmidt, von dieser Medizin nehmen Sie jeden Abend acht Teelöffel!« – »So viele Löffel habe ich gar nicht!«

Der Richter fragt den Zeugen: »Wie heißen Sie?« – »Hugo Hoppe.« – »Und Ihr Alter?« – »Henry Hoppe.«

Kommt die Putzfrau zum Chef der Bank: »Können Sie mir bitte mal den Tresorschlüssel geben?« – »Häh? Was … wie … warum denn?« – »Ach, es ist immer so lästig, zum Saubermachen den Tresor mit einer Büroklammer aufmachen zu müssen …«

Beim Uhrmacher: »Könnten Sie bitte meinen Hund in Ordnung bringen?« – »Ihren Hund?« – »Er bleibt alle fünf Minuten stehen!«

163

Der Regisseur zum Schauspieler: »Gehen Sie auf die Brücke und springen Sie ins Wasser!« – »Aber ich kann nicht schwimmen!« – »Das macht nichts, es ist ja die letzte Szene.«

Gast: »Kann man hier Wild essen?« Ober: »Die meisten Gäste essen manierlich.«

Es versicherte der Psychiater seinem Patienten: »Glauben Sie mir, das mit den übernatürlichen Kräften bilden Sie sich nur ein.« »Wie Sie meinen«, sprach der Patient und flog davon.

Ein Dummhausener begleitet einen Freund in den Wald. »Weshalb trägst du einen Matrosenanzug?«, fragt er. »Ich dachte, du bist Jäger!« – »Psst, bin ich ja auch«, antwortet der. »Ich hab mich nur verkleidet, damit die Rehe das nicht merken!«

Theo war beim Zahnarzt und ist jetzt endlich wieder zu Hause. »Hat es weh getan?«, fragt ihn die Mutter besorgt. »Ich glaube schon«, sagt Theo. »Der Zahnarzt ist ganz schön herumgehüpft, nachdem ich ihm in den Finger gebissen hatte.«

Ein Geschäftsmann übernachtet in einem winzigen Hotel. Morgens um sechs Uhr wird er recht unsanft geweckt. Ein Zimmermädchen kommt herein. »Was soll das?«, erregt sich der Mann, »Ich wollte erst um sieben aufstehen.« – »Mag sein. Aber wir brauchen die Laken, um die Frühstückstische zu decken …«

164

Treffen sich zwei, fragt der eine: »Von wo kommst du?« – »Vom Arzt.« – »Was hast du?« – »20 Euro.« – »Ich meine, was du brauchst!« – »50 Euro.« – »Ich meine, was dir fehlt!« – »Kannst du dir doch selber ausrechnen: 30 Euro!«

Ein Hubschrauberpilot ist verunglückt. Grund: Er fror und hat darum kurzerhand den großen Ventilator über sich abgestellt.

Der Bäckerlehrling soll auf die Torte »Alles Gute zum Geburtstag!« schreiben. Es dauert ewig. Da ruft der Bäckermeister: »Ist die Torte denn nun endlich fertig?« – »Gleich, aber ich krieg' das Ding nicht in den Drucker!«

Ein Millionär beim Zahnarzt. »Sie haben goldene Zähne und Platinfüllungen, was also kann ich für Sie tun?« – »Richten Sie mir eine Alarmanlage ein!«

Geht eine Frau mit ihrer Tochter zum Arzt und fragt: »Warum kann meine Tochter die Augen nicht öffnen und grinst ständig von einem Ohr zum anderen?« Der Arzt rät: »Machen Sie einfach ihre Zöpfe etwas lockerer.«

Ein Pfarrer fragt die Schüler der zweiten Klasse: »Betet ihr auch immer vor dem Essen?« Anton antwortet: »Nein, meine Mutter kocht prima!«

»Herr Ober, morgen möchte ich für meine Familie einen Tisch bestellen!« – »Meine Dame, wie oft soll ich Ihnen noch sagen, dass wir kein Möbelgeschäft sind?«

Unsicher sagt der Patient zum Zahnarzt: »Stellen Sie sich vor, ich habe 32 Zähne!« »Seien Sie froh! Das ist doch ein vorschriftsmäßiges Gebiss!«, erwidert der Arzt. – »Ja, aber… alle oben?«

Geht Mister Kläx zum Optiker und sagt: »Ich will eine Brille haben.« Fragt der Optiker: »Kurzsichtig oder weitsichtig?« Sagt Mister Kläx: »Wenn's geht, durchsichtig.«

Tankwart zum Kunden: »Ihre Reifen sind abgefahren!« Darauf der Kunde: »Na, dann nichts wie hinterher!«

»Mama, warum droht der Mann da vorne der Dame auf der Bühne mit dem Stock?« – »Er droht nicht, er dirigiert.« – »Und warum schreit sie dann so?«

In einem Restaurant ruft ein Gast: »Herr Ober, einen Zahnstocher, bitte!« Ruft der Ober zurück: »Einen Augenblick, die sind gerade alle besetzt!«

Zwei Maler streichen eine Decke. Nach einer Weile sagt der eine zum anderen: »Halt dich mal am Pinsel fest, ich verstelle die Leiter.«

166 **Überfall in einer Gaststätte:** »Ich will alles, was in der Kasse ist!« Verkäufer: »Zum Mitnehmen?«

Ein 25-jähriger Mann ist in Behandlung beim Psychiater. Der Psychiater fragt ihn: »Nun erzählen Sie mal, warum sind Sie denn überhaupt hierher gekommen.« – »Och, nur auf Drängen meiner Familie. Die meinen ich wäre verrückt, nur weil ich Pfannkuchen mag.« – »Das verstehe ich nicht, ich mag Pfannkuchen auch sehr gerne.« – »Wirklich Herr Doktor? Dann kann ich ja beim nächsten Mal mein Sammel-Album mitbringen.«

In der Apotheke: »So, werte Dame, diese Schlaftabletten reichen mindestens für einen Monat.« – »Aber Herr Apotheker, so lange wollte ich eigentlich auch nicht schlafen!«

Der Bankdirektor erscheint völlig aufgelöst bei seiner Sekretärin: »Unser Kassierer ist verschwunden! Kontrollieren Sie sofort den Tresor!« Nach einiger Zeit kommt die Sekretärin zurück: »Chef, im Tresor ist er auch nicht!«

Der Römische Hauptmann schimpft mit einem seiner Legionäre: »Ich habe dich beim Tarnungstraining heute nicht gesehen!« Daraufhin der Legionär: »Danke, o Hauptmann!«

Knacker-Henry und Brechhammer-Joe sitzen in der Bar. »Lass uns aufbrechen«, sagt Henry nach einer Weile. »Geht klar«, erwidert Joe. »Hast du auch schon eine Idee, was?«

Eine ältere Dame kommt zum Arzt und sagt: »Doktor, ich habe diese Blähungen, obwohl sie mich nicht so sehr stören. Sie stinken nie, und sie gehen immer leise ab. Wirklich, ich hatte bestimmt schon zwanzig Blähungen, seit ich hier im Raum bin, obwohl Sie das nicht bemerken konnten, weil das ohne Geruch oder Geräusch passiert.« Der Doktor: »Nehmen Sie diese Tabletten und kommen Sie in einer Woche wieder.« Nach einer Woche erscheint sie erneut und sagt: »Doktor, was haben Sie mir denn da gegeben? Meine Blähungen – obwohl sie immer noch leise sind – stinken fürchterlich!« – »Sehr gut. Jetzt, wo Ihre Nase wieder funktioniert, wollen wir uns um Ihr Gehör kümmern ...«

Frisör: »Möchten Sie die Stirnlocke behalten?« – »Ja, auf jeden Fall!« – »Gut«, schnipp, »dann packe ich sie Ihnen ein!«

Geht ein Boxer zum Training. Als er sein Rad abschließen will, bemerkt er, dass er sein Schloss nicht dabei hat. Er schreibt auf einen Zettel: »Klauen zwecklos, ich bin Boxer!« Später, als er aus der Halle kommt, ist sein Rad weg. Er nimmt den Zettel und liest auf der Rückseite: »Verfolgen zwecklos! Ich bin Radrennprofi.«

Ein Maurer steht am Gerüst, als vom letzten Stock ein Ziegel abbröckelt und sein rechtes Ohr trifft. Das Ohr reißt ab und fällt nach unten. Verzweifelt steigt der Maurer vom Gerüst und sucht sein Ohr. Plötzlich taucht sein zu Hilfe geeilter Kollege mit dem Ohr auf, doch der Maurer ist völlig verzweifelt: »Das ist nicht mein Ohr. Auf meinem war ein Bleistift drauf!!!«

»Herr Ober, wieso halten Sie beim Servieren den Daumen auf mein Schnitzel?« – »Soll mir das blöde Ding noch ein drittes Mal runterfallen?«

»Herr Ober!«, ruft Herr Pfefferle zornig, »da ist ein Haar in der Suppe!« »Das ist kein Haar«, belehrt ihn der Ober, »das ist ein Würstchen.«

Kommt eine Frau zum Automechaniker. »Können Sie meine Hupe lauter stellen?« »Kein Problem«, meint der Automechaniker, »aber warum denn?« – »Ganz einfach: Meine Bremse ist kaputt.«

Am Telefon: »Herr Doktor, bitte helfen Sie mir! Mein kleiner Mika hat den Dosenöffner verschluckt.« – »Keine Panik. Ihr Sohn kommt schon wieder in Ordnung.« – »Aber wie soll ich jetzt die Dose mit Bohnen aufmachen?«

Richter zum Parkuhrknacker: »Hiermit verurteile ich Sie zu 3000 Euro Strafe. Haben Sie noch irgendwelche Fragen?« – »Ja, kann ich in 20-Centmünzen bezahlen?«

Bei einem Tierarzt läutet das Telefon: »Gleich kommt meine Frau mit unserer Katze zu Ihnen. Bitte geben Sie ihr eine Spritze, damit sie friedlich einschläft.« Der Tierarzt: »Gern, aber findet Ihre Katze denn allein nach Hause?«

169

»Herr Doktor, ich kann in die Zukunft sehen!« – »Aha, wann hat das angefangen?« – »Nächsten Donnerstag.«

»Oh nein!«, sagt der Schiedsrichter vor einem Spiel. »Ich habe die rote und die gelbe Karte vergessen!« »Macht nichts«, sagt der Linienrichter, »bei Rot zeigst du deine Zunge und bei Gelb deine Zähne!«

Zwei Freunde treffen sich wieder. »Geht's dir besser?«, fragt der eine. »Ja«, sagt der andere, »der Arzt hat mir eine neue Medizin verschrieben. Ich esse täglich einen Löffel!« – »Muss ein toller Arzt sein, wenn du jetzt Löffel essen musst ...« – »Wieso denn, es waren doch Esslöffel!«

Der Anwalt fragt seinen Klienten: »Mir gegenüber können Sie ganz ehrlich sein: Haben Sie nun den Diamantenraub begangen oder nicht?« – »Nein, Herr Anwalt, ich war das wirklich nicht!« – »Hm. Aber sagen Sie mal, wie wollen Sie mich dann eigentlich bezahlen?«

Polizist: »**Herzlichen Glückwunsch!** Sie sind der hunderttausendste Autofahrer, der diese Brücke überquert hat, und Sie bekommen 10000 Euro! Was möchten Sie mit dem Geld anfangen?« Fahrer: »Dann mach ich zuerst mal den Führerschein.« Frau: »Hören Sie nicht auf ihn, er ist total betrunken.« Schwerhöriger Opa: »Ich hab' euch doch gesagt, dass wir mit diesem gestohlenen Auto nicht weit kommen.«

170 **Zwei Gepäckträger unterhalten sich.** Erzählt der eine: »Eben habe ich dem jungen Mann da drüben den Koffer getragen. Am Ziel drückte er mir was in die Hand und sagte: ›Für einen Kaffee!‹« – »Und, wie viel war's?«, fragt der Kollege. »Ein Stück Zucker!«

»Moni, jedes Mal, wenn Sie mich anlachen, würde ich Sie am liebsten noch einmal zu mir bitten.« »Sie sind aber ein Draufgänger!«, entgegnet Moni ihrem Nachbarn. »Nein, ich bin Zahnarzt!«

Im Kloster wird gebaut. In der Küche bleibt jede Menge Suppe übrig. Die Oberin schickt die Küchenschwester mit der Suppe zur Baustelle, um sie an die Arbeiter zu verteilen. Überlegt die Schwester: »Bevor ich den Arbeitern die Suppe gebe, möchte ich doch wissen, wie es um ihren Glauben steht.« Als erstes trifft sie den Polier. Sie fragt ihn: »Kennen Sie den Pontius Pilatus?« Der Polier schreit nach oben: »Kennt einer den Pontius Pilatus?« »Warum?«, tönt es zurück. – »Seine Alte ist da und bringt ihm das Essen!«

Der Verkehrspolizist hält eine Autofahrerin an: »Was fällt ihnen ein, mit 70 durch die Ortschaft zu rasen!« – »Aber Herr Wachtmeister! Glauben Sie mir, es ist wirklich nur der Hut, der mich so alt macht!«

171

Endlich Urlaub!

Das Passagierschiff fährt an einer winzigen Insel vorbei. Ein Mann mit wallendem Bart und zerfetzter Kleidung hüpft dort wie verrückt herum und schwenkt die Arme. Fragt ein Passagier den Kapitän: »Was macht der denn da?« Meint der Kapitän schulterzuckend: »Ach der, der freut sich immer so, wenn wir hier vorbeikommen …«

Hein sitzt im Zug und nimmt einen Schluck aus seiner Schnapsflasche. Da bemerkt er, dass sein Gegenüber begehrliche Augen macht. »Möchten Sie auch mal probieren?«, fragt er deshalb höflich. – »Gern.« Im selben Augenblick fährt der Zug in einen Tunnel. Als es wieder hell wird, gibt der Herr die Flasche zurück und brummt: »Unheimlich stark, das Zeug. Mir ist ganz schwarz vor Augen geworden.«

Die Nachbarin fragt Frau Wunderlich nach den Urlaubsplänen: »Wohin fahren Sie denn heute?« – »Wir wollen nach Sicht.« – »Wo liegt denn das?« – »Keine Ahnung! Aber im Radio sagen sie immer ›Schönes Wetter in Sicht!‹«

In der fremden Stadt: »Wo ist denn hier das nächste Postamt?« – »Direkt neben dem Bahnhof. Das weiß doch jeder Trottel!« – »Darum habe ich ja auch Sie gefragt!«

Im Ferienheim. Lisa: »Der Frühstückskaffee schmeckt heute wie Spülwasser!« Julia: »Das ist doch Tee.« Heimleiterin aus der Küche: »Noch jemand Kakao?«

»Bevor wir in Urlaub fahren, ist meine Frau immer wie ein Krimi.« – »Wieso wie ein Krimi?« – »Na ja, packend bis zum Schluss!«

»An dieser Stelle stürzen die Skifahrer wohl sehr oft in den Abgrund?«, fragt der Tourist. »Nein, nicht sehr oft«, antwortet der Einheimische. »Die meisten haben schon nach dem ersten Mal genug!«

Ein Gast betritt eine Schweizer Hotelpension. Ein kleiner Hund springt bellend an ihm hoch. Der Gast fragt den alten Portier: »Beißt Ihr Hund?« – »Nö, der beißt nicht.« Der Gast bückt sich zum kleinen Hund, um ihn zu tätscheln. Sofort verbeißt sich das Tier in die Hand des Gastes. »Aber Sie haben doch gesagt, Ihr Hund beißt nicht.« – »Das ist nicht mein Hund!«

Eine Wochenendfahrt mit vielen Omis. Nach einer Weile kommt eine Oma nach vorne zum Busfahrer und fragt: »Wollen Sie ein paar Nüsse haben?« Der bedankt sich und greift zu. Ein paar Minuten später kommt sie wieder: »Wollen Sie ein paar Nüsse haben?« Das geht ein paar Mal so, bis der Busfahrer schließlich fragt: »Sagen Sie mal, wo haben Sie denn die ganzen Nüsse her?« Woraufhin die Oma antwortet: »Ach, wissen Sie, wir sitzen ganz hinten und essen Pralinen, aber die Nüsse sind uns zu hart.«

174

Mit hängender Zunge kommt Tobi auf den Bahnsteig gestürmt: »Oh nein! Erreiche ich den Zug nach Schweinfurt noch?« Der Bahnhofsvorsteher mustert Tobi von oben bis unten. Dann meint er: »Das hängt davon ab, wie viel Kondition du noch hast; abgefahren ist er vor 80 Sekunden.«

Ein Tourist kriecht durch die Wüste. Nach Tagen erreicht er endlich ein Oase und wimmert: »Wasser! Wasser!« Sagt der Oasenbewohner: »Haben wir nicht! Aber Krawatten!« Der Verdurstende robbt weiter und erreicht mit letzter Kraft eine weitere Oase. Er ruft: »Wasser! Wasser!« Sagt der Oasenbewohner: »Haben wir schon, aber ohne Krawatte kommen Sie hier nicht rein.«

Familie Müller macht Urlaub auf dem Bauernhof. Am Anreisetag sehen sie dort nur den Sohn des Bauern. Herr Müller fragt den Kleinen: »Weißt du, wo ich deinen Vater finden kann?« Der Junge nickt und antwortet: »Mein Vater ist im Schweinestall. Sie erkennen ihn an dem karierten Hemd.«

Ein Fernfahrer macht in einer Raststätte Pause. Kommen zwei Rocker in Motorradkluft rein, ziehen ihm die Serviette durch die Suppe, beschmieren seine Haare mit Senf, stülpen ihm den Zuckernapf über den Kopf und bekleckern sein Hemd mit Ketschup. Der Fernfahrer zahlt seine Rechnung und steht auf. Danach verlässt er ungerührt das Lokal. Fragen die Rocker total verstört den Kellner: »Was war das denn für ein Typ?« Kellner: »Wirklich ein seltener Dummkopf! Und Auto fahren kann er auch nicht! Eben hat er zwei Motorräder beim Rückwärtssetzen zu Schrott gefahren!«

Fragt der Bahnbeamte einen Reisenden, der völlig atemlos einem Zug nachschaut: »Haben Sie den vielleicht verpasst?« – »Nein, ich habe ihn verjagt!«

Reisender zum Schaffner: »Wie lange hält der Zug?« – »Bei guter Pflege 25 Jahre.«

Bauer Huber zu seinem Urlaubsgast: »Bei uns wird man morgens vom Hahn geweckt.« – »Nicht schlecht. Dann stellen Sie ihn bitte auf halb zehn!«

Vor dem Abflug verteilt die Stewardess Kaugummis. Sie erklärt Peter, der zum ersten Mal fliegt: »Das ist gut für die Ohren!« Nach einigen Stunden steht Peter weinend vor der Stewardess: »Können Sie mir auch sagen, wie ich das Zeug wieder aus den Ohren bekomme?«

176

Im Eisenbahnabteil: »Aus ihrem Rucksack tropft es!«, stellt ein Fahrgast fest. Er probiert ein bisschen von der Flüssigkeit und fragt dann: »Guter alter Weißwein?« – »Weit gefehlt: guter alter Dackel!«

»Kein Grund zur Aufregung!«, sagt der Pilot, der mit dem Fallschirm auf dem Rücken durch das Flugzeug rennt. »Ich springe jetzt ab und hole Hilfe!«

Ein Mann sitzt im Zugabteil und trommelt andauernd mit den Fingern ans Fenster. Sagt der Reisende gegenüber: »Entschuldigen Sie, aber Ihre Trommelei macht mich total nervös. Könnten Sie das bitte unterlassen?« – »Entschuldigung, aber ich hab' das Leiden aus dem Krieg.« Daneben sitzt einer, der immer Daumen und Zeigefinger rubbelt.

Meint der Gegenübersitzende wieder: »Haben Sie das auch aus dem Krieg?« – »Nein, ich hab es aus der Nase.«

An der Grenze hält ein großer LKW. Der Zöllner fragt: »Haben Sie etwas zu verzollen?« Fahrer: »Nein, nichts.« Der Zöllner geht misstrauisch um den Laster herum, hebt die Plane hoch und entdeckt einen Elefanten, an dessen Ohren jeweils ein Zwieback klebt. Zöllner: »Erlauben Sie mal, Sie können doch nicht einfach einen unverzollten Elefanten über die Grenze bringen.« Fahrer: »Das vielleicht nicht! Aber ich werde mir doch auf meine Zwiebäcke draufschmieren können, was ich will.«

177

Im Briefkasten liegt eine Urlaubspostkarte. »Gute Nachrichten von Müllers aus Las Palmas! Es regnet in Strömen. Das bedeutet zweihundert Las-Palmas-Dias, die wir nicht ansehen müssen!«

Nachts greift der Tourist zum Zimmertelefon und brüllt hinein: »Sorgen Sie gefälligst für Ruhe! Bei diesem Lärm kann ich unmöglich schlafen!« »Selbstverständlich«, flüstert der Portier. »Ich werde der Feuerwehr sagen, dass sie leiser sein soll beim Löschen.«

Ein Reisender fährt zum ersten Mal in seinem Leben ins Ausland. An der Grenze fragt ihn der Zollbeamte: »Cognac, Whisky?« Sagt der Reisende: »Um diese Zeit?«

Klein Hugo sitzt im Flugzeug und starrt aus dem Fenster. Völlig fasziniert meldet er der Stewardess: »Das ist ja unglaublich, von hier oben sehen die Menschen wie Ameisen aus.« Die Stewardess blickt nun ebenfalls aus dem Fenster und antwortet: »Das sind Ameisen! Wir sind noch gar nicht gestartet.«

Frau Peterson unternimmt ihre erste Kreuzfahrt. Der Kapitän will wissen, ob sie auch mit der Kabine zufrieden ist. »Die ist ganz hervorragend, Herr Kapitän! Und der Wandschrank mit der runden Glastür«, sie zeigt auf das Bullauge, »einfach fantastisch! Was man da alles verstauen kann!«

178

»Warum ist bei den Wonnemanns drüben denn so viel Lärm?« – »Ach, die schlagen sich gerade ihren Mallorca-Urlaub aus dem Kopf.«

»Was meinst du, wie viele Kilometer es noch bis zur Grotte sind?« – »Dreieinhalb.« – »Das hast du vor einer Stunde doch auch gesagt!« – »Na, glaubst du, ich ändere so schnell meine Meinung?«

Lotta sieht zum ersten Mal die Ebbe. »Frechheit«, meint sie. »Kaum sind wir hier, haut das Meer ab!«

Der Hotelbesitzer zum Feriengast: »Sie werden sich wie zu Hause fühlen!« – »Schade, eigentlich wollte ich mich erholen!«

Dieter hat im Schwarzwald eine Kuckucksuhr gekauft. Nach einigen Wochen bringt er sie zum Uhrmacher. »Was ist denn kaputt? Klemmt der Kuckuck?« – »Nein, im Gegenteil. Alle paar Minuten kommt er raus und fragt, wie spät es ist.«

Ulrike macht mit ihren Sprösslingen einen Ausflug mit dem Bus. Fragt sie den Busfahrer: »Muss ich für die Kinder auch zahlen?« Meint dieser: »Unter sechs nicht!« Ulrike erleichtert: »Gut, ich hab nur zwei!«

Herr Hämpel hat seinen Urlaub in Afrika verbracht und berichtet den staunenden Freunden am Stammtisch: »Stellt euch vor«, erzählt er, »abends sitze ich noch gemütlich vor dem Zelt. Da steht plötzlich ein gewaltiger Löwe vor mir und reißt sein Maul auf. Ich renne los. Der Löwe hinter mir her. Ich renne um mein Leben. Der Löwe kommt immer näher. Ich kann nicht mehr und ergebe mich meinem Schicksal. Da rutscht der

179

Löwe aus und bricht sich das Genick!« Einer der Freunde meint bewundernd: »Mann, an deiner Stelle hätte ich mir in die Hosen gemacht!« Sagt der Afrikareisende: »Auf was, glaubst du, ist der Löwe ausgerutscht?«

Fragt der Tourist am Kiosk: »Verzeihen Sie, ich suche eine Ansichtskarte mit einer Wurst drauf« – »So was haben wir nicht. Aber wem wollen Sie die denn auch schicken?« – »Meinem Hund!«

Herr Lauch fragt im Urlaub an der Südsee einen Jungen am Strand: »Gibt es hier Haie?« »Nee«, sagt der Junge, scheint sich aber nicht sicher zu sein. Herr Lauch springt trotzdem ins Wasser. Nach einer Weile fragt er, ob es denn hier wirklich keine Haie gebe. »Nein«, sagt der Junge, »die haben Angst vor den Krokodilen aus dem Fluss dort drüben!«

Leo ist furchtbar schüchtern. Als er in einem Hotel einen Lift besteigt, fragt ihn der Liftboy: »Welches Stockwerk?« Flüstert Leo: »Vierter Stock, falls es für Sie kein Umweg ist.«

180

In einem Pariser Restaurant. Geheimnisvoll flüsternd erklärt der Garçon einem Gast aus Deutschland: »Sie müssen wissen, dass unser Portier früher Kosakenoberst gewesen ist!« Der Gast staunt und schweigt. »Sie müssen auch wissen, dass unser Kellner ein ehemaliger russischer Großfürst ist!« Der Gast staunt ein zweites Mal. »Tja«, fährt der Garçon fort, »und unsere Toilettenfrau ist eine Nichte des letzten russischen Zaren.« Darauf der Gast aus Deutschland, mit dem Finger auf seinen Pudel weisend: »Damit Sie klar sehen: Der da war früher einmal ein Bernhardiner!«

»Für die Ferien suche ich einen wirklich spannenden Krimi!« »Einen wirklich spannenden Krimi?«, überlegt der Buchhändler. »Dann nehmen Sie diesen. Da erfahren Sie erst auf der letzten Seite, dass der Butler alle umgebracht hat.«

Herr Moppel steigt in den vollen Zug, nimmt sein Glasauge heraus, wirft es in die Luft, sagt: »Prima!«, steckt es wieder ein und drängt sich nach vorne. »Was haben Sie denn da gemacht?«, fragt ihn der Schaffner. Meint Herr Moppel: »Wollte bloß sehen, ob vorne noch ein Platz frei ist!«

Es herrscht dichter Nebel. Der Autofahrer klebt förmlich an den Rücklichtern seines Vordermannes. Der bremst plötzlich, und es gibt einen Auffahrunfall. Wütend brüllt der Hintermann los: »Wieso bremsen Sie denn so plötzlich?« – »Und was haben Sie in meiner Garage zu suchen?«

Steward zum Kapitän: »Herr Kapitän, wir haben einen blinden Passagier an Bord. Was sollen wir mit dem machen?« Kapitän: »Werfen Sie ihn sofort über Bord!« Zehn Minuten später meint der Steward: »Und was machen wir jetzt mit dem Hund?«

Frau Braun kommt aus dem Urlaub zurück und trifft ihre Nachbarin. Sie erzählt »Ach, es war gar nicht schön, ständig hat es geregnet!« Darauf die Nachbarin: »Aber Sie sind doch ganz braun?« – »Alles nur Rost!«

Ein Engländer, ein Franzose und ein Deutscher streiten sich, welche ihrer Sprachen denn die schwierigste sei. »Wir schreiben ›Cambridge‹«, sagt der Engländer, »und sagen ›Kämbridsch‹.« »Wir schreiben ›Bordeaux‹«, sagt der Franzose, »und sagen ›Bordoh‹!« Da sagt der Deutsche: Wir schreiben ›Bitte um Verzeihung, was haben Sie gesagt?‹, aber sagen tun wir ›Hä?‹«

»Ist wenigstens die Bettwäsche sauber?«, fragt der Feriengast, nachdem er vom Hotel nicht sonderlich begeistert ist. »Aber selbstverständlich«, antwortet der Portier. »Ihre Vorgänger haben jeden Tag im Pool gebadet.«

Völlig außer Atem rennt ein Mann zum Bootssteg, wirft seinen Koffer auf die drei Meter vom Kai entfernte Fähre, springt hinterher, zieht sich mit letzter Kraft über die Reling und schnauft: »Geschafft!« »Gar nicht schlecht«, meint einer der Seeleute, »aber warum haben Sie nicht gewartet, bis wir angelegt haben?«

»In diesem Jahr werde ich im Urlaub nichts tun. Die erste Woche werde ich mich nur im Schaukelstuhl entspannen.« – »Ja, aber dann?« – »Dann werde ich eventuell ein wenig schaukeln.«

Tommi erzählt: »Stell' dir vor, als ich im Urlaub in Amerika war, hatte ich ein Hotelbett, in dem schon Michael Jackson, Jon Bon Jovi und Madonna geschlafen haben!« Darauf Nora trocken: »War es nicht ein bisschen eng, so zu viert?«

Die Schmidts kommen aus dem Urlaub zurück. Neugierig fragt die Nachbarin: »Na, wie fandet ihr denn die Berge?« »Ganz einfach«, meint Herr Schmidt. »Wir fuhren die Straße immer geradeaus, und da waren sie dann plötzlich!«

Ein Fremdenführer wurde gefragt: »Wurden hier in dieser Stadt nicht auch große Persönlichkeiten geboren?« Die Antwort: »Nee, immer nur kleine Kinder...«

Ein Mann hört auf der Autobahn eine Durchsage des Verkehrsfunks: »Bitte fahren Sie am äußersten rechten Fahrbahnrand und überholen Sie nicht, es kommt Ihnen ein Fahrzeug entgegen!« Empört sich der Mann: »Eins? Hunderte!!«

183

PATSCH

Ein Millionär aus Texas kauft in Schottland ein uraltes Schloss. »Ich mache mir Sorgen. Ich hörte, in diesem Schloss spukt es.« – »Unsinn! Ich habe im Schloss noch nie ein Gespenst gesehen, und ich wohne schon über 300 Jahre hier.«

Eine Fußballmannschaft fliegt nach Amerika. Aus Langeweile beginnen die Burschen, in der Maschine mit dem Leder zu spielen. Der Pilot kann die Maschine kaum noch halten und schickt den Funker nach hinten. Nach zwei Minuten ist absolute Ruhe. »Wie hast du denn das gemacht?« »Na ja«, meint er, »ich habe gesagt: ›Jungs, es ist schönes Wetter draußen, spielt doch vor der Tür!‹«

Zwei Ameisen sind auf Safari. Da treffen sie einen Elefanten und fragen ihn: »Wollen wir kämpfen?« Der Elefant beschwert sich: »Das ist doch unfair – zwei gegen einen!«

Essenszeiten im Urlaubsort: Frühstück von 8 bis 11 Uhr, Mittag von 11 bis 15, Kaffee von 15 bis 18, Abendessen von 18 Uhr bis Mitternacht! Darauf ein Gast: »Zu blöd, ich wäre so gern einmal an den Strand gegangen!«

184

Zum Ferienanfang darfst du dir von mir ein schönes Buch wünschen«, sagt Oma zu Lisa. – »Dann wünsche ich mir dein Sparbuch!«

Tante Hilde und Tante Gerda gehen am Strand spazieren. Nach einer halben Stunde sagt Tante Hilde: »Du, Gerda, darf ich auch mal in der Mitte laufen?«

Ein Abbruchunternehmer macht Urlaub in Rom. Gedankenverloren steht er vor dem Kolosseum. »Na«, unterbricht ihn seine Frau schließlich, »was hältst du davon?« »Ach, ich denke, in zwei Wochen hätte ich es weg.«

»Wie wär's, wenn wir unseren Winterurlaub in den Schweizer Alpen verbringen?« – »Wunderbar, ich wollte schon immer mal ins Matterhorn blasen.«

»Wie komme ich zu der nächsten menschlichen Behausung?«, fragt ein Autoreisender in der Wüste einen Araber. »Da fahren Sie jetzt immer geradeaus, und übermorgen biegen Sie links ab.«

Am Abend eines langen Reisetages hält der Vater das Auto vor einem Landgasthof an. »Du bist groß genug«, sagt er zu Fabian, »geh du mal rein, sag' wer wir sind und frage nach zwei Zimmern zur Übernachtung.« Gesagt. Getan: »Wir sind die Familie Hecht aus Lindau«, erklärt Fabian dem Wirt, »haben Sie noch zwei Zimmer frei?« »Haben wir«, bestätigt der Wirt. »Wollen Sie Zimmer mit fließendem Wasser?« – »Bloß nicht, nein«, entfährt es Fabian, »wir *heißen* doch nur Hecht!«

Im Zug sitzt ein Junge mit einer ziemlich triefenden Nase. Der feine Herr neben ihm meint: »Sag mal, Junge, hast du denn kein Taschentuch?« »Schon«, erwidert der Junge, »aber das verleihe ich nicht.«

Während der Fahrt in der S-Bahn: »Opa, warum hat die Tante da so rotbemalte Zehen?« – »Damit keiner drauf tritt!«

185

Leonard sieht zum ersten Mal einen Fahrstuhl und beobachtet, wie eine alte Dame hineinsteigt und verschwindet. Nach einigen Minuten öffnet sich die Fahrstuhltür wieder, und ein junges Mädchen steigt aus. »Wenn ich das zu Hause erzähle – das glaubt mir bestimmt keiner!«

Eine Nonne steht am Straßenrand und trampt. Nach längerer Zeit hält ein Manta-Fahrer an. »Das ist aber nett, dass Sie mich mitnehmen.« »Kein Problem«, sagt der Manta-Fahrer, »Batmans Freunde sind auch meine Freunde«.

Ein Tourist hat sich im dichten Londoner Nebel verirrt. Schließlich fragt er einen Passanten: »Können Sie mir sagen, wo es zur Themse geht?« – »Ja, die ist direkt hinter mir.« – »Sind Sie sicher?« – »Ganz sicher! Ich komme gerade raus …«

186

Maus und Elefant machen zusammen Urlaub und gehen wandern. Schon bald ist die Maus müde. Der Elefant bietet ihr an: »Soll ich dich eine Weile tragen?« Da antwortet die Maus: »Gern! Wenn ich wieder fit bin, können wir tauschen.«

Spazieren zwei Bleistifte über den Schreibtisch

Zwei Rosinen treffen sich, die eine trägt einen Helm. Fragt die andere: »Warum hast du einen Helm auf?« Sagt die mit Helm: »Na, ich muss doch heute noch in den Stollen.«

Zwei brennende Kerzen stehen an der Haustür. Draußen ist es windig. Fragt die eine: »Willst du mit mir ausgehen?«

188 **Spazieren zwei Bleistifte über den Schreibtisch.** »Oh je, da liegt ein toter Filzstift!«, erschrickt der eine. Der andere beruhigt ihn: »Keine Angst, der markiert nur.«

Treffen sich drei Vampire. Sagt der eine: »Oh, hab ich einen Hunger!« So fliegt er los. Nach nur einer Viertelstunde ist er mit blutverschmiertem Gesicht wieder da. Die anderen beiden Vampire staunen nicht schlecht und fragen: »Ja, wie hast du das denn in einer Viertelstunde hinbekommen?« – »Ja«, sagt der Vampir, »im Westen ist gerade eine Hochzeit, und da bin ich hingeflogen und habe jedem mal so richtig das Blut weggesaugt!« Da sagt einer der anderen Vampire: »Langsam bekomme ich auch Hunger!« So fliegt auch er los. Nach sagenhaften zehn Minuten ist er wieder da, auch er mit blutverschmiertem Gesicht. Die anderen sind beeindruckt und fragen: »Ja, wie hast du das denn in zehn Minuten hinbekommen?« Der Vampir meint: »Dort hinten im Osten ist gerade ein Geburtstagsfest. Dort bin ich hingeflogen und konnte jedem mal so richtig das Blut wegsaugen.« Der dritte Vampir sagt dann: »Jetzt hab ich auch Hunger!« So fliegt er los und kommt nach fünf Minuten wieder, ebenfalls mit blutverschmiertem Gesicht. Den anderen hat es fast die Sprache verschlagen. Dennoch fragen sie: »Wie hat denn das hingehauen?« – »Ja«, sagt der Vampir, »dort hinten im Norden war eine Mauer, und die hatte ich übersehen!«

Fliegen zwei Möhren durch die Luft. Sagt die eine: »Pass auf, da kommt ein Hub-schrapp-schrapp.«

Fliegen zwei Ballons durch die Wüste. Ruft der eine: »Pass auf, da ist ein Kaktusssssssss.« – »Was isssssss?«

Treffen sich zwei Zahnstocher an einer Bushaltestelle. Sagt der eine: »Was machst du heute?« Da biegt plötzlich ein Igel um die Ecke. Sagt der andere Zahnstocher: »Ich muss, mein Bus ist da!«

189

Treffen sich eine Acht und eine Null. Sagt die Null zur Acht: »Schöner Gürtel!«

Treffen sich zwei Sandkörner in der Wüste. Meint das eine zum andern: »Hey, weißt du, warum es hier so voll ist?«

Geht ein Fakir in einen Baumarkt und sagt: »Ich hätte gerne fünftausend Nägel, meine Frau möchte die Betten neu beziehen.«

»Hast du Löcher in den Socken?« – »Natürlich nicht!« – »Und wie ziehst du sie dann an?«

Ein Skelett sitzt beim Zahnarzt. Der Zahnarzt meint: »Also ihre Zähne sind super, aber was mir Sorgen macht, ist ihr Zahnfleisch!«

Treffen sich ein Stein und ein Brett. Sagt der Stein: »Hallo ich bin Ein-Stein.« Sagt das Brett nicht gerade nett: »Hahaha, und ich bin Brettpit.«

»Ich habe es satt, immer nur hier rumzuhängen!«, sagte die Glühbirne und brannte durch.

190

Kinder sind eben doch schlauer

Bobby kommt in die Pizzeria und bestellt eine Pizza Salami. Der Pizzabäcker fragt: »Möchtest du die Pizza in vier oder in acht Stücke geschnitten haben?« Bobby überlegt kurz und antwortet: »Lieber nur in vier Stücke, denn acht sind zu viele, so viel schaff ich nicht!«

Der kleine Kai fragt den großen Marvin: »Warum weint der Jonah?« Sagt der große Marvin: »Ich hab ihm geholfen!« – »Wobei?«, fragt der kleine Kai. »Beim Schokoladeessen«, sagt der große Marvin.

Im Kommunionunterricht sagt Justin: »Herr Pfarrer, ich muss mal was fragen.« – »Was gibt es denn, mein Kind?« – »In der Bibel steht doch, dass die Kinder Israels das Rote Meer durchquert haben, stimmt's?« – »Stimmt.« – »Und die Kinder Israels haben auch die Philister verhauen, stimmt's?« – »So ist es.« – »Und die Kinder Israels haben auch den Tempel gebaut, ja?« – »Ja, ganz richtig.« – »Und die Kinder Israels haben gegen die Ägypter gekämpft, und gegen die Römer, und überhaupt haben die Kinder Israels eine Menge ganz wichtiger Sachen gemacht.« – »Du hast gut aufgepasst. Und was möchtest du nun wissen?« – »Was ich mich schon die ganze Zeit frage«, sagt Justin, »wo waren denn dabei eigentlich die Erwachsenen?«

192

Eine Gruppe Jungs streitet sich auf dem Schulhof darüber, wer den tollsten Vater hat. Der Erste sagt: »Mein Vater kritzelt ein paar Wörter auf ein Stück Papier, nennt es ein Gedicht und verdient damit fünfzig Euro.« Der Zweite sagt: »Das ist doch gar nichts. Mein Vater kritzelt ein paar Wörter auf ein Stück Papier, nennt es ein Lied und verdient damit hundert Euro.« Sagt der Dritte: »Ist das alles? Mein Vater kritzelt ein paar Wörter auf ein Stück Papier, nennt das eine Predigt, und es braucht acht Leute, um anschließend das Geld einzusammeln!«

Die Mutter macht Pfannkuchen für Lisa und Lena. Die beiden streiten sich, wer den ersten Pfannkuchen bekommt. Die Mutter sagt: »Wenn Jesus jetzt hier am Tisch säße, würde er sagen: Gib meiner Schwester den ersten Pfannkuchen. Ich kann warten.« Darauf Lisa zu ihrer Schwester: »Lena, du spielst Jesus.«

193

Der vierjährige Timmy kommt zum ersten Mal zum Zahnarzt. Der Zahnarzt versucht, ein Gespräch mit ihm anzufangen. »Wie alt bist du denn?«, fragt er. Timmy hält vier Finger hoch. Lächelnd fragt der Zahnarzt: »Kannst du denn nicht sprechen?« – »Wieso?«, fragt Timmy. »Kannst du denn nicht zählen?«

In der Cafeteria einer katholischen Schule gibt es Mittagessen. Am Ende eines langen Serviertisches liegt ein großer Stapel Äpfel. Daneben steht ein Schild, das eine der Nonnen geschrieben hat: »Nehmt nur einen. Wir beobachten euch.« Am anderen Ende des Tisches liegt ein Berg Schokoladenkekse. Einer der Schüler hat ein Schild danebengestellt, auf dem steht: »Nehmt, so viel ihr wollt. Die Nonnen passen nur auf die Äpfel auf.«

Ein Lehrer fragt Melissa: »Was würdest du tun, wenn du zwei Züge siehst, die auf demselben Gleis aufeinander zurasen?« Melissa antwortet: »Ich würde eine große Taschenlampe holen und damit winken, damit sie es sehen und anhalten.« – »Und wenn du keine Taschenlampe findest?« – »Dann winke ich mit einem roten Taschentuch.« – »Und wenn du kein Taschentuch hast?« – »Dann hole ich meinen kleinen Bruder.« – »Um Himmels willen, wozu das denn?«, fragt der Lehrer. »Weil mein kleiner Bruder noch nie gesehen hat, wie zwei Züge zusammenstoßen.«

Lukas fragt seine Oma: »Oma, weißt du, worin Gott und du euch ähnlich seid?« – »Nein«, erwidert die Oma erstaunt und stolz. – »Ihr seid beide wahnsinnig alt.«

194 **Davids kleiner Bruder schreit wie am Spieß.** »Woher haben wir den eigentlich?«, fragt David seine Mutter. »Der kommt direkt vom Himmel, David«, antwortet die Mutter. »Okay«, antwortet David. »Jedenfalls ist mir total klar, warum sie ihn da rausgeworfen haben.«

»Hallo Jan, wie geht dein neues Fahrrad?« – »Es geht nicht, es fährt.« – »Und wie fährt es?« – »Es geht.«

Max kommt ganz verdreckt vom Fußballspiel zurück. Die Mutter zeigt nur streng in Richtung Badezimmertür. »Mama, das wäre zwecklos. In einer Woche ist doch schon Rückspiel!«

Die Mutter schickt ihren Sohn zum Einkaufen: »Hast du gesehen, ob der Fleischer auch Schweinshaxen hat?« Max: »Nein, konnte ich nicht. Er hatte seine Schuhe an!«

»Ich gehe jetzt in den Garten und gieße die Blumen«, sagt Lena. »Aber es regnet doch«, meint die Mutter. »Macht nichts«, antwortet Lena, »dann nehme ich eben einen Regenschirm mit!«

Ein Pfarrer geht die Straße entlang und sieht, wie auf der anderen Straßenseite ein sehr kleiner Junge versucht, an einen Klingelknopf zu kommen. Er reckt sich und streckt sich, schafft es aber nicht, die Klingel zu erreichen. Da überquert der Pfarrer die Straße, steigt die Treppe zur Haustür hinauf und klingelt für den Jungen. »Und jetzt?«, fragt er ihn freundlich. Entgegnet der Kleine: »Jetzt müssen wir losrennen!«

Eines Tages wird die kleine Laura von einer älteren Dame in den Kindergarten gebracht. Zum Abschied umarmen sich die beiden herzlich. Da fragt die Erzieherin: »Ist das deine Oma?« – »Ja«, erwidert Laura. »Sie ist gerade bei uns zu Besuch.« – »Wo lebt sie denn normalerweise?« – »Am Bahnhof. Wenn wir wollen, dass sie zu uns kommt, holen wir sie immer da ab.«

195

Franziska auf der Post: »Darf ich bitte eine 40-Cent-Briefmarke haben? Aber machen Sie bitte den Preis ab, es soll ein Geschenk sein!«

Ein kleiner Junge am Informationsschalter im Kaufhaus: »Wenn hier eine sehr nervöse Frau vorbeikommt und behauptet, dass sie ihr Kind verloren hat, richten Sie ihr bitte aus, dass ich in der Elektronikabteilung bei den Computerspielen bin.«

Ein Mädchen prahlt vor ihrer Freundin: »Als ich in Spanien war, lag mir sogar der König zu Füßen.« – »Und was hast du da gemacht?« – »Nichts! Ich hab ihn aufgehoben und weiter Karten gespielt.«

196 **Ein Mädchen malt im Kindergarten ein Bild nach dem anderen.** »Was tust du denn da?«, fragt die Erzieherin. – »Ich übe für die Schule.« – »Mach dir mal keine Sorgen. Das klappt doch schon ganz gut!« Darauf das Mädchen: »Auf dich verlasse ich mich lieber nicht. Du bist schon so groß und immer noch im Kindergarten ...«

Im Sachkundeunterricht hat die Lehrerin eine Stunde über Magneten abgehalten. Sie hat gezeigt, wie sie Nägel und andere kleine Eisenstücke aufheben. Zum Schluss fragt sie ihre Klasse: »Mein Name beginnt mit einem M, und ich hebe Sachen auf. Wer bin ich?« Aus der ersten Reihe ruft Lukas: »Mama!«

Sohn: »Mama, warum hat Papa so wenige Haare auf dem Kopf?« – »Weil er so viel denkt.« – »Und warum hast du so viele Haare auf dem Kopf?« – »Sei still und iss deine Suppe.«

Kilian fährt mit seinem Fahrrad einkaufen. Als er zur Ladentür herauskommt, hat er fünf schwere Tüten dabei. Er steigt aufs Rad. Er hängt zwei Tüten auf die rechte Seite des Lenkers und drei auf die linke. Als er losfahren möchte, kippt das Fahrrad immer nach links. Also probiert er es umgekehrt. Aber dann fällt er immer nach rechts. Irgendwann hat er genug. Er winkt nach einem Taxi und fragt den Fahrer: »Wie viel kostet die Fahrt bis zur Eisenbahnstraße?« – »Nicht sehr billig, kann ich dir sagen!« – »Und die Tüten, sind die kostenlos?« – »Natürlich, ja!« – »Okay, dann fahren Sie mir die Tüten heim, und ich komm mit dem Fahrrad nach!«

197

»Ist da der Tierschutzverein?«, ruft Fritz ins Telefon. »Bitte kommen Sie sofort. Bei uns im Garten sitzt der Briefträger auf dem Baum und schimpft ganz gemein auf unsere Dogge!«

Vater und Sohn im Garten. Sagt der Sohn zum Vater: »Papa, wieso hast du eigentlich so abstehende Ohren?« Sagt der Vater zum Sohn: »Tja, das hat der liebe Gott so gemacht.« Erwidert der Sohn: »Papa, bei dem lassen wir nichts mehr machen!«

Die kleine Nora fährt mit ihrem Dreirad im Wohnzimmer herum. Der Vater schimpft: »Du sollst doch längst im Bett sein!« Das Mädchen sagt: »Ich will ja, aber ich find keinen Parkplatz!«

Bei Schneiders ruft jemand an und bekommt den kleinen Florian ans Telefon: »Hallo Kleiner, holst du mal die Mama ans Telefon?« Florian: »Sie ist beschäftigt!« Der Anrufer: »Dann den Papa!« Florian: »Der auch!« Der Anrufer: »Ist denn kein anderer Erwachsener da?« Florian: »Doch, die Feuerwehr und die Polizei!« Der Anrufer: »Na, dann gib mir jemanden von denen!« Florian: »Geht nicht! Die sind alle zu beschäftigt!« Der Anrufer: »Was machen die denn alle?« Florian: »Mich suchen!«

198 **Bastian fragt in der Zoohandlung:** »Was kostet ein Goldfisch?« – »Fünf Euro.« – »Oh je, so teuer? Haben Sie auch Silberfische?«

Fritzchen kommt schon wieder zu spät. Der Klassenlehrer schimpft: »Das ist heute das fünfte Mal in dieser Woche, dass du zu spät kommst. Was hast du dazu zu sagen?« – »Es wird diese Woche bestimmt nicht mehr vorkommen.«

Der Verkäufer: »Die neuen Schuhe werden in den ersten Tagen vielleicht noch etwas drücken.« Mister Kläx: »Das macht nichts. Ich wollte sie sowieso erst nächste Woche anziehen.«

Ein Junge sitzt vor der Waschmaschine und starrt ins Geschehen. Kommt ein zweiter dazu: »Na, kommt schon das Länderspiel?«

Ein kleiner Junge wird gefragt: »Ich habe gehört, dass du aus dem Schwarzwald stammst?« – »Ja, zum größten Teil. Aber meine Haare und Zähne habe ich später in Kiel bekommen!«

Die fremde Frau fragt den kleinen Jungen vor dem Haus: »Wo ist denn die Frau Lehmann?« Der Junge: »Die ist nicht da!« Die fremde Frau wartet. Nach einer Stunde fragt sie wieder den Jungen: »Ist die Frau Lehmann noch nicht da?« Der Junge: »Nein, die ist auf dem Friedhof!«

»Wieso stehst du so lange an der Rolltreppe?«, will eine Dame von Mister Kläx wissen. »Ich habe unterwegs meinen Kaugummi verloren – jetzt warte ich, bis er wieder vorbeikommt.«

199

Etwas verlegen fragt der Metzger den kleinen Jungen, der ihn seit einer Weile mit angestrengter Miene mustert: »Warum starrst du mich so an?« Antwortet der Kleine: »Meine Mutti will wissen, ob Sie einen Kalbskopf oder Schweinsohren haben!«

Fritz zu Max: »Warum schüttest du denn immer Wasser auf deinen Computer?« – »Weil ich im Internet surfen will!«

**Ein kleiner Junge kommt an die Kino-
kasse. »Einmal Harry Potter!«**
Die Kassiererin erstaunt: »Aber es
ist erst elf Uhr, solltest du nicht
in der Schule sein?« – »Ist
schon okay. Ich hab die
Masern.«

**Lukas und Amelie
sind bei Mister Kläx
zum Kaffeetrinken
eingeladen.** Er legt jedem
von ihnen ein Stück Kuchen auf
den Teller und sagt, es sei selbst
gebackener Kirschkuchen.
Lukas schaut den Kuchen an und
fragt: »Wo sind denn da die Kirschen?!« Mister Kläx
antwortet: »Im Hundekuchen sind doch auch keine
Hunde drin.«

Mister Kläx geht im Supermarkt zur Kasse und sagt:
»Sie haben sich gestern um dreißig Euro geirrt.« – »Das
kann jeder sagen!«, gibt die Kassiererin unfreundlich zurück. »Das hätten Sie gleich sagen müssen, jetzt ist es zu
spät!« – »Na gut, dann behalte ich das Geld eben.«

Lukas geht in eine Bar. Am Nachbartisch sitzen fünf Ju-
gendliche. Schreit der eine: »Sechsunddreißig!« Alle lachen. Lukas fragt sie, warum sie alle lachen. Antwortet einer: »Wir haben unsere Witze durchnummeriert!« – »Aha!«
Das passiert noch sechsmal mit anderen Zahlen. Beim ach-
ten Mal lacht keiner. Da fragt Lukas: »Warum lacht ihr
nicht?« – »Der war schlecht erzählt!«

Sina ist im Bad und soll sich die Haare waschen. Fragt ihre Mutter: »Aber Sina, du nimmst ja gar kein Wasser!« – »Das brauche ich nicht. Auf der Flasche steht doch: ›für trockenes Haar‹.«

Eine Familie macht Weihnachtseinkäufe. In dem ganzen Stress plappert der vierjährige Marius ununterbrochen, gibt seiner Mutter Ratschläge beim Autofahren, stellt unaufhörlich Fragen und singt Weihnachtslieder. Endlich dreht sich der Vater zu ihm um und sagt: »Marius, wenn du jetzt mal fünf Minuten den Mund hältst, bekommst du von mir zwanzig Cent.« Es funktioniert – Marius verstummt. Als alle Einkäufe erledigt sind, geht die Familie zu McDonalds. Alle sitzen vor ihrem Essen, da fängt der Vater an: »Marius, jetzt sitz doch mal gerade. Hampel nicht so rum. Schmier nicht überall Ketchup hin.« Marius schaut ihn an und sagt mit vollem Mund: »Papa, wenn du jetzt mal fünf Minuten den Mund hältst, bekommst du von mir zwanzig Cent.«

»Mensch Lisa, du hast aber ein schnelles Tempo beim Stricken drauf!« Lisa: »Ich muss ja auch den Pullover fertig bekommen, bevor die Wolle ausgeht!«

Drei Jungs erzählen sich Großes über ihre Väter. Der Älteste sagt: »Mein Papa ist so schnell, der kann einen Dart werfen und vor dem Pfeil an der Zielscheibe sein.« – »Ist noch gar nichts«, sagt der Zweite. »Mein Papa ist so schnell, der kann ein Reh aus dreihundert Metern Entfernung schießen und es dann auffangen, bevor es zu Boden fällt.« – »Alles nicht so toll«, winkt der Kleinste lässig ab. »Mein Papa schlägt eure. Seine Schicht ist um halb fünf zu Ende, und er ist so schnell, dass er schon um viertel vor vier zu Hause ist!«

Mister Kläx sieht in einem Geschäft eine Thermoskanne. Er fragt den Verkäufer: »Was ist das denn?« – »Das ist eine Thermoskanne. Darin bleibt Heißes heiß und Kaltes kalt.« Mister Kläx kauft die Kanne und zeigt sie seiner Freundin Amelie. Die fragt ebenfalls: »Was ist das denn?« – »Eine Thermoskanne! Darin bleibt Heißes heiß und Kaltes kalt.« – »Und was hast du da jetzt drin?«, will Amelie wissen. – »Eine Tasse Kakao und ein Zitroneneis.«

»Mama, warum droht der Mann da vorne der Dame auf der Bühne mit dem Stock?« – »Er droht nicht, er dirigiert.« – »Und warum schreit sie dann so?«

Fragt Vanessa ihre Freundin Anna-Tabea: »Was würdest du machen, wenn du so reiten könntest wie ich?« – »Unterricht nehmen!«

Kommen zwei Kinder ins Kaufhaus: »Unser Vati ist gerade in einen Bienenstock gefallen.« – »Da braucht ihr sicher eine Salbe.« – »Nee, eine Kamera!«

Ein Junge und ein Mädchen werden geboren und fliegen mit dem Storch über Land an ihren Bestimmungsort. Sagt der Junge: »Du, kommst du auch zur Welt?« – »Na glaubst du vielleicht, dass sie mich als Stewardess mitgeschickt haben?«

Fritz und Noah unterhalten sich. Noah: »Was würdest du machen, wenn du eine Schlange siehst?« Fritz: »Ich würde sie erstechen!« Noah: »Und wenn du kein Messer hast?« Fritz: »Ich würde sie erschießen!« Noah: »Und wenn du keine Pistole hast?« Fritz: »Zu wem hältst du denn eigentlich, zu mir oder zur Schlange?«

Joshua trifft auf einem Spaziergang den Pfarrer.
Der fragt ihn: »Weißt du, wo der Supermarkt ist?« Antwortet Joshua: »Ja, aber ich sag es dir nicht.« Der Pfarrer: »So kommst du aber nicht in den Himmel.« – »Und du nicht in den Supermarkt!«, antwortet Joshua frech.

Ein Zauberer ruft einen Jungen aus dem Publikum auf die Bühne. Dort gibt er ihm die Hand und sagt: »Nicht wahr, mein Junge, du hast mich noch niemals vorher gesehen, oder?« Sagt der Junge: »Nein, Papa, noch nie!«

Fällt ein Junge in den See. Rettet ihn ein Mann und fragt: »Warum bist du denn nicht geschwommen?« Sagt der Junge: »Auf dem Schild steht doch: Schwimmen verboten!«

»Wieso hast du dir denn die Trompete von unserem Nachbarn ausgeliehen? Du kannst doch gar nicht darauf spielen.« – »Nein, aber er jetzt auch nicht mehr!«

203

Fritz geht in die Kirche. Dabei muss er über eine Brücke. Er hat ein Käsebrot dabei. Auf der Brücke denkt er sich: »Ich kann doch kein Käsebrot in die Kirche mitnehmen.« Er legt es auf die Brücke und geht in die Kirche. Er setzt sich ganz vorne hin. Der Pfarrer erzählt eine Geschichte: »Als Jesus über eine Brücke ging ...« Da schreit Fritz: »Hoffentlich hat er mein Käsebrot nicht gegessen!«

Tobias fragt seine Mutter: »Bekomme ich einen Euro?« Die Mutter fragt zurück: »Warum?« Tobias: »Heute wird im Schwimmbad das Einmeterbrett aufgebaut.« Die Mutter gibt ihm den Euro. Abends kommt Tobias mit einem gebrochenen Bein wieder zurück. Am nächsten Tag fragt er sie: »Mama, bekomme ich heute zwei Euro?« Die Mutter fragt wieder: »Warum?« Tobias: »Heute wird im Schwimmbad das Zweimeterbrett aufgebaut.« Die Mutter gibt ihm zwei Euro. Abends kommt Tobias mit einem gebrochenen Bein und einem gebrochenen Arm wieder nach Hause. Am nächsten Tag fragt er: »Mama, bekomme ich heute drei Euro?« Die Mutter, leicht genervt: »Wieso, was wird denn heute aufgebaut?« Tobias: »Heute wird nichts aufgebaut, heute wird das Wasser eingelassen!«

204

Fritzchen steht am Bahnhof. Fragt Peter: »Wohin willst du denn?« Antwortet Fritzchen: »Nach Sicht.« Fragt Peter: »Wo liegt denn das?« – »Keine Ahnung, aber im Wetterbericht hieß es: Schönes Wetter in Sicht!«

205

Natur pur!

Gehen zwei Männer zelten. Mitten in der Nacht weckt der eine den anderen auf und sagt: »Sieh mal, der Himmel, die Sterne. Was glaubst du, was das bedeutet?« Darauf der andere verschlafen: »Das bedeutet, dass wir morgen schönes Wetter kriegen!« Der eine wieder: »Quatsch! Das bedeutet, dass uns jemand unser Zelt gestohlen hat!«

»Hast du auch Zahnbürste und Zahnpasta eingepackt?«, will die Mutter von ihrem Sohn wissen, der heute für zwei Wochen ins Zeltlager fährt. »Zahnbürste und Zahnpasta?«, fragt der Bub entsetzt, »ich denke, ich fahre in die Ferien?!«

Tief im finsteren Busch stößt ein Forscher auf einen Ureinwohner, der mit ausgelassenen Zuckungen eine riesige Trommel in wildem Rhythmus bearbeitet. Der Forscher schaut eine Weile interessiert zu und fragt dann während einer Atempause: »Warum trommelst du eigentlich?« »Wir haben kein Wasser!«, erklärt der Trommler. »Aha, und nun rufst du die Götter um Regen an?« »Quatsch«, knurrt der Ureinwohner, »ich rufe den Klempner aus dem Nachbardorf.«

Ein kleiner Junge beobachtet einen Bauern beim Melken. Am nächsten Morgen tobt der Bauer: »Meine Kuh ist weg!« Der Junge sagt: »Weit kann sie ja nicht sein. Sie haben ihr ja gestern den Tank leer gepumpt!«

»Wenn ich über die Wiese laufe, schaffe ich dann den Zug um sieben noch?«, fragt Rudi den Bauern. »Freilich«, sagt der. »Und wenn dich mein Bulle entdeckt, dann schaffst du sogar noch den Zug um sechs!«

Zwei Schweizer Jäger verirren sich nachts im Wald. »Gib doch einen Schuss ab«, schlägt der eine vor, »vielleicht findet man uns dann leichter.« Der zweite befolgt den Rat. Keine Reaktion. »Schieß noch mal!«, fordert ihn der erste auf. Wieder ein Schuss, wieder keine Reaktion. »Noch einen Schuss!«, drängt sein Freund. »Tut mir Leid«, antwortet der Schütze, »das war mein letzter Pfeil.«

Bauer: »Stiere reagieren überhaupt nicht auf rote Farbe, nur Kühe tun das!« – »So? Und warum werden sie dann so wütend, wenn der Torero das rote Tuch schwenkt?« – »Sie werden ganz einfach sauer, weil man sie für Kühe hält!«

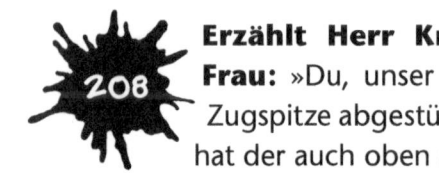

Erzählt Herr Knolle ganz aufgeregt seiner Frau: »Du, unser Nachbar, der Bäcker, ist von der Zugspitze abgestürzt!« Meint die Frau trocken: »Was hat der auch oben auf der Lokomotive zu suchen?«

Ein Spaziergänger kommt an einen See. Dort sitzt ein Angler. Spaziergänger: »Beißen die Fische heute?« Angler: »Nein, Sie können sie ruhig streicheln!«

Die kleine Nele steht zum ersten Mal am weiten Meer. Ein paar Möwen schaukeln auf den Wellen. »Komisch!«, meint da Nele. »Was ist komisch?«, will die Mutter wissen. – »Ich dachte immer, das Meer sei so tief. Dabei geht es den Möwen gerade bis zum Bauch!«

In Österreich werden Stromleitungen über Land verlegt. Kommt ein Österreicher am Ort des Geschehens vorbei, kichert, geht weiter. Kommt der zweite vorbei, lacht, geht weiter. Der dritte kommt, bleibt stehen und lacht schallend – er kriegt sich gleich gar nicht mehr ein. Da fragt ihn einer der Arbeiter, was denn daran so komisch sei. »Naja«, sagt er prustend, »ihr hängt den Zaun so hoch, dass alle Kühe unten durch laufen können!«

Jack aus Alaska und Bill aus Texas unterhalten sich. »Bei uns in Alaska«, sagt Jack, »ist es so kalt, dass wir unter den Kühen Feuer anmachen müssen, damit die Milch im Euter auftaut!« »Das ist noch gar nichts«, erwidert Bill. »Bei uns in Texas ist es so heiß, dass wir den Hühnern Eiswürfel ins Futter mischen müssen, damit sie keine gekochten Eier legen!«

»Seit drei Stunden sehen Sie mir nun schon beim Angeln zu. Warum angeln Sie nicht selbst?« – »Ich und Angeln? Dazu fehlt mir die Geduld!«

209

In sieben Meter Tiefe bemerkt ein Taucher einen anderen, der in der gleichen Tiefe ohne Taucherausrüstung unterwegs ist. Der Taucher geht sechs Meter tiefer, wenige Minuten später ist auch der andere da. Als der nach weiteren neun Metern wieder zur Stelle ist, nimmt der Taucher eine Tafel und schreibt mit wasserfester Kreide: »Wie zum Teufel schaffst du es, in dieser Tiefe so lange ohne Taucherausrüstung zu bleiben?« Der andere kritzelt mit letzter Kraft auf die Tafel: »Ich ertrinke, du Trottel!«

Ein kleiner Junge beobachtet schon ein ganze Weile, wie ein Mann auf dem Reiterhof Pferdeäpfel einsammelt. Schließlich packt ihn die Neugier und er zupft den Mann am Ärmel: »Wozu brauchen Sie denn die vielen Pferdeäpfel?« – »Die gebe ich auf die Erdbeeren!« Sagt der Junge: »Aha, mal was anderes als Schlagsahne!«

»Warum fliegen die Störche im Herbst nach Afrika?«, fragt Lina ihre Freundin Nele. Erwidert diese: »Weil die Leute dort auch Kinder haben wollen!«

Zwei Jungen haben auf dem Friedhof Kastanien gesammelt. Nun teilt der eine auf: »Eine für dich, eine für mich, eine für dich…« Ein alter Mann hört das, kann die Jungen aber wegen eines dichten Strauchs nicht sehen. Voller Angst rennt er ins Dorf und schreit: »Der Herrgott und der Teufel teilen sich auf dem Friedhof die Seelen!« Ein junger Mann geht mit ihm, um ihn zu beruhigen, und nun hören sie beide, starr vor Entsetzen, den Jungen sprechen »Eine für dich, eine für mich…« In dem Moment fallen neben den Männern noch zwei weitere Kastanien herunter. Das hört der Junge, und als er mit dem Zählen fertig ist, sagt er laut: »Pack deine schon mal ein. Wenn ich jetzt noch die beiden vor dem Zaun hole, haben wir jeder dreiundsechzig…«

»Hast du schon einmal gesehen, wie ein Kälbchen geboren wird?«, fragt der Bauer den kleinen Fritz. »Nein, wie denn?« – »Zuerst kommen die Vorderbeine, dann der Kopf, dann die Schultern und der Körper und zum Schluss die Hinterbeine.« – »Toll, und wer bastelt das dann alles wieder zusammen?«

Ein Angler gibt mächtig an: »Kürzlich habe ich in der Nordsee geangelt. Da habe ich einen Fisch gefangen! Ich sage dir, wie ich ihn herausgezogen habe, ist der Wasserspiegel gesunken!« »Da hast du wohl einen Walfisch gefangen?« fragt der andere. Der Angler lächelt mitleidig: »Walfische? Die nehme ich als Köder.«

Warum fährt Bauer Ballermann dauernd mit der Dampfwalze übers Feld? – Er will Kartoffelbrei züchten!

211

Eine Ente mit zwei linken Füßen kommt ins Schuhgeschäft und fragt: »Haben Sie Flip-Flips?«

Treffen sich zwei Schnecken im Wald. »Wo hast du denn das blaue Auge her?«, fragt die eine. – »Verkehrsunfall«, erklärt die andere: »Neulich bin ich durch den Wald gekrochen, und stell dir vor, da kommt plötzlich direkt vor mir ein Pilz aus dem Boden geschossen.«

Finn macht Ferien auf dem Bauernhof – auf einem alten, der noch ein Klohäuschen draußen hat. Zu Finns Schrecken hat es keine Rückwand. »Aber das macht doch nix«, beruhigt ihn die Bäuerin, »vorn ist ja die Tür vor – und von hinten kennt dich hier doch eh keiner.«

Zwei Kühe stehen auf einer Wiese, da fragt die eine: »Warum schüttelst du dich die ganze Zeit?« Sagt die andere: »Ich habe morgen Geburtstag und da muss ich schon mal die Sahne schlagen.«

Hiltrud und Hannes machen eine Radtour – zum ersten Mal auf einem Tandem. Über Stock und über Steine bewältigen sie nur mit Müh' und Not einen steilen Hügel. Oben angekommen, sind beide außer Puste. Hannes zu seiner Frau: »Unglaublich, dass wir das geschafft haben!« Meint Hiltrud: »Also, ich hatte da ja auch meine Zweifel. Nur gut, dass ich die ganze Zeit gebremst habe, sonst wären wir immer wieder rückwärts gerollt!«

Zwei Freunde machen eine Radtour. Nach einiger Zeit hält der eine an und lässt die Luft aus seinem Reifen. »Warum machst du das?«, fragt ihn der andere. »Ganz einfach, mir war der Sattel zu hoch!«

Zwei Bergsteiger, Ingo und Konrad, kommen im Laufe einer Bergtour an einer Gletscherspalte vorbei. Sagt Ingo zu seinem Bergkameraden: »In diese Gletscherspalte ist letztes Jahr mein Bergführer gefallen.« Sagt Konrad: »Und hat dich das nicht ziemlich mitgenommen?« Darauf Ingo: »Nein, er war sowieso schon ziemlich alt, und außerdem haben bereits einige Seiten gefehlt!«

Zwei Freunde liegen am Ufer des Baggersees. Der ganze Nachmittag war ein einziger Kampf gegen die Mücken gewesen. Es dämmert, als plötzlich Glühwürmchen auftauchen. Basti rafft seine Decke zusammen und sagt: »Ich hau' ab. Jetzt haben sich die Biester schon Taschenlampen besorgt!

Im Unterricht werden die Alpen durchgenommen. Heute erklärt Lehrer Hempel etwas über die Gämsen: »Gämsen warnen sich bei Gefahr gegenseitig durch einen Pfiff. So!« Lehrer Hempel steckt zwei Finger in den Mund und macht den Warnpfiff der Gämsen nach. »Alle Achtung!«, staunt Mila, »das möchte ich mal sehen, wie die Gämsen den Huf ins Maul nehmen und pfeifen!«

Mitten in der Nacht erwacht die Bäuerin. Sie hat ein Geräusch gehört, schleicht zum Stall und fragt: »Ist da wer?« Kommt als Antwort: »Nur wir Hühner.«

213

Ein Mann reitet auf einem Kamel bei 50 Grad Celsius durch die Wüste Gobi. Kommt plötzlich ein Mountainbiker in einem irren Tempo angerast. »He, Moment. Sind Sie wahnsinnig? Es sind 50 Grad, Sie fahren wie ein Irrer durch die Wüste und zeigen keinerlei Anzeichen von Erschöpfung, wie machen Sie das bloß?« Antwortet der Radfahrer: »Ich fahre eben so schnell, dass der Fahrtwind sehr stark ist und mir die Hitze nichts ausmacht!« Erwidert der Kameltreiber: »Toll, das muss ich auch probieren«, und er treibt sein Kamel an, das jedoch nach zwei Minuten tot zusammenbricht. Sagt der Kameltreiber: »Mist, jetzt ist's erfroren!«

Herr Dietrich traut seinen Augen nicht: »Aber im letzten Jahr gab es hier doch noch einen herrlichen See! Und heute: nichts mehr!« »Stimmt«, sagt der Einheimische, »aber seit dieser Frachter mit Löschpapier gesunken ist ...«

Zwei Bäuerinnen unterhalten sich. »Mein Mann will mir ein Schwein zum Geburtstag schenken.« Sagt die andere: »Das sieht ihm ähnlich!« »Wieso, hast du es schon gesehen?«

Ein Kleintierzüchter fährt in den Urlaub und bittet seinen Nachbarn, stolzer Besitzer eines Schäferhundes, auf seine geliebten Kaninchen aufzupassen. So weit klappt alles ganz gut, bis am letzten Tag der Abwesenheit der Schäferhund schwanzwedelnd zu seinem Herrchen kommt, ein totes Kaninchen im Maul. »Mist, wie erkläre ich das dem Nachbarn?«, fragt sich der Hundebesitzer. Da hat er eine Idee: Er wäscht und fönt das tote Tier ganz sorgfältig und setzt es wieder in den Kaninchenstall! Am nächsten Tag kehrt Herr Nachbar aus dem Urlaub zurück. »Ist denn alles in Ordnung?«, erkundigt sich scheinheilig der Hundehalter. »Ja schon«, antwortet der Kaninchenzüchter, »nur eins ist komisch: Puschel, mein liebstes Kaninchen, ist vor meinem Urlaub gestorben, und ich war sicher, dass ich ihn beerdigt hatte, aber jetzt sitzt er wieder gewaschen und geföhnt in seinem Stall!«

Zwei Indianer kommen an einem Grillplatz vorbei und schauen lange dem aufsteigenden Rauch zu. »Komisch«, sagt der eine zum anderen, »es riecht besser als bei uns!« »Schon«, sagt der andere, »aber es macht keinen Sinn!«

Zwei Bauern sitzen bei Hochwasser auf dem Dach der Scheune. Sie schauen auf das Wasser und sehen, wie eine Mütze vorbeischwimmt. Da sagt der eine: »Der Besitzer ist bestimmt ertrunken.« »Nee«, sagt der andere, »das ist Egon, der mäht bei jedem Wetter...«

»Wieso bringen Sie mir zwei Essen? Ich hatte doch nur eins bestellt!«, wundert sich der Gast im Alpenhotel. Murmelt der Ober: »Blödes Echo!«

Ein Bauer hat zwei Pferde, kann sie aber nicht unterscheiden. Da rät ihm sein Nachbar: »Du brauchst doch nur nachzumessen.« Als sie sich wieder treffen, fragt der Nachbar: »Na, kannst du sie jetzt unterscheiden?« – »Klar, das Weiße ist zehn Zentimeter länger als das Schwarze!«

215

Beim Gärtner: »Bei guter Pflege kann dieses Bäumchen 150 Jahre alt werden.« – »Na, das werde ich dann ja sehen!«

Ein Städter kommt in die Berge und fragt einen Bauern, der Kühe weidet, nach der Uhrzeit. Darauf hebt der Bauer mit der Hand das Euter der Kuh und sagt: »Punkt zwölf.« »Donnerwetter«, staunt der Städter Bauklötze, »an der Schwere des Euters können Sie genau feststellen, wie spät es ist?« »Nein«, sagt der Bauer. »Wenn ich das Euter der Kuh anhebe, kann ich die Kirchturmuhr sehen.«

Ein Bauer kommt zu seinem Stammtisch und erzählt seinen Kumpels: »Gestern bin ich mit dem Traktor in eine Radarfalle gefahren.« »Hat's geblitzt?« fragt die Runde. Antwort: »Nein, gekracht«.

Mister Kläx erzählt ganz stolz einem Nachbarn: »Du, ich fahr nach Afrika!« Darauf der Nachbar: »Da würde ich nicht hin wollen, da sind es 30 Grad im Schatten« – »Ich muss ja nicht in den Schatten gehen!«

216

Enno darf Ferien auf dem Bauernhof machen. Der Bauer zeigt ihm den Stall, wo die Kühe wiederkäuend im Stroh liegen. Enno: »Sagen Sie mal, wird Ihnen das auf Dauer nicht ein bisschen teuer mit den vielen Kaugummis?«

Begegnen sich zwei Jäger in Nordamerika. Sagt der eine stolz: »Gestern und vorgestern habe ich zwei riesige Bären erlegt!« Der andere ganz neidisch: »Ich habe keinen einzigen erlegt. Wie machst du das?« »Ganz einfach. Du stellst dich vor ein großes Loch,

pfeifst hinein, und wenn der Bär rauskommt, schießt du.«
Nach einigen Tagen treffen sich die beiden Jäger wieder,
doch der Jäger, dem der Tipp gegeben wurde, ist völlig
zerschunden, trägt eine Halskrause und hat beide Arme
eingegipst. Der andere fragt: »Hast du meinen Rat denn
nicht befolgt?« »Doch«, erwidert der, »ich habe mich vor
das Loch gestellt und gewartet… und raus kam die Eisenbahn.«

**Eine Blondine mag keine Blondinenwitze mehr hö-
ren.** Also färbt sie sich die Haare schwarz. Am nächsten
Tag fällt ihr ein, dass sie gern ein Schaf hätte. Sie geht zu
einem Schäfer und sagt: »Wenn ich die Anzahl Ihrer Schafe
errate, darf ich dann eins haben?« Der Schäfer betrachtet seine große Schafherde und überlegt. Nach einer
Weile sagt er: »Okay.« Die Blondine mit den ge-
färbten Haaren rät: »Es sind 503 Schafe.« Der Schäfer staunt: »Ja, das ist richtig. Also gut, abgemacht ist
abgemacht. Such dir eins aus.« Die Blondine sucht sich
das schönste Tier aus und will schon mit ihm gehen, da
ruft ihr der Schäfer noch hinterher: »Wenn ich Ihre ur-
sprüngliche Haarfarbe errate, bekomme ich dann meinen
Schäferhund wieder?«

In den Alpen. Beim Skilaufen stoßen zwei Raser zusammen und verheddern sich. »Hilfe! Hilfe!«, ruft der eine, »ich
habe kein Gefühl mehr im Bein!« »Kunststück!«, schreit der
andere, »wenn du die ganze Zeit in mein Bein kneifst!«

Fliegt eine Birne durch den Wald. Kommt der Förster
vorbei und sagt: »Du bist doch eine Birne, du kannst doch
gar nicht fliegen!« – »Doch, ich bin nämlich die Birne
Maja!«

Der Pfarrersgarten hat die größten Äpfel im ganzen Dorf. Zur Erntezeit klettern die Kinder immer in den Garten und essen die leckeren Früchte. Dem Pfarrer wird das irgendwann zu bunt und er stellt ein Schild auf: »Gott sieht alles!« Am Tag darauf steht darunter: »Aber er petzt nicht!!«

Ella müht sich ab, um den Berg hinaufzuklettern. Sie schwitzt und stöhnt, die Beine werden immer schwerer. Da kommt ein Einheimischer entgegen und sagt freundlich: »Grüß Gott!« »Nee, nee«, keucht Ella, »so weit komme ich heute ganz bestimmt nicht mehr!«

Das Plumsklo auf dem Bauernhof müsste wieder dringend ausgehoben werden. Da der Bauer aber selbst keine Zeit hat, trägt er seinen beiden Söhnen auf, dies zu tun.

218

Die beiden haben natürlich keine Ahnung, wie das zu bewerkstelligen ist. Da kommt einem der beiden die rettende Idee: Er hat vor kurzem auf dem Dachboden eine Handgranate gesehen. Die könne man doch in die Grube werfen, dann würde sich das Problem quasi von selbst lösen! Die Söhne des Bauern werfen also die entsicherte Handgranate in die Mistgrube und gehen in Deckung. Es folgt eine heftige Explosion. Als die beiden nachschauen wollen, ob ihr Vorhaben gelungen ist, sehen sie die Großmutter lachend am Misthaufen sitzen. »Das glaubt ihr mir nie!«, ruft sie ihren Enkeln zu. »Gerade habe ich einen fahren lassen, und da ist das Klohäuschen in die Luft geflogen!«

»Liebe Mutti«, schreibt der Sohn aus den Alpen, »das Skilaufen macht viel Spaß. Leider war ich heute nicht in Form und habe ein Bein gebrochen. Zum Glück aber kein eigenes!«

Beim Überlebenstraining im Urwald brüllt der Gruppenleiter: »Ich habe zwei Nachrichten für euch, eine gute und eine schlechte. Zuerst die schlechte: Heute gibt es nur Regenwürmer zu essen. Und jetzt die gute: Sie reichen nicht für alle!«

219

Zwei Fischer mieten sich ein Boot, und einer fängt einen großen Fisch. »Wir sollten die Stelle markieren«, sagt er. Der andere malt ein großes schwarzes Kreuz auf den Boden des Bootes. »Das bringt nichts«, sagt der erste Mann. »Wenn wir wieder ausfahren, kriegen wir vielleicht ein anderes Boot.«

Peter macht Urlaub auf dem Bauernhof. Er will unbedingt dabei sein, wenn die Kuh ein Kälbchen bekommt. Er wartet schon seit Stunden im Kuhstall, aber das Kälbchen kommt und kommt nicht. Schließlich meint der Bauer zu Peter: »Geh mal raus, so geht's nicht weiter. Jedes Mal, wenn die Kuh dich anschaut, meint sie nämlich, sie hätte schon gekalbt.«

Auf hoher See: »Nein, gnädige Frau, es handelt sich durchaus nicht um einen Wasserrohrbruch. Das Schiff sinkt!«

Michael war ungezogen und wird zur Strafe in den Hühnerstall gesperrt. »Aber das sage ich euch«, brüllt er wütend, »Eier lege ich keine!«

Henry Meier buddelt in seinem Garten die Beete um. Auf einmal ruft er ganz aufgeregt seine Hilde zu sich. »Hilde, komm mal her und schau, was ich gefunden habe!« Hilde kommt in den Garten, schaut in ein kleines Loch und sieht drei Granaten darin liegen. Gemeinsam beraten sie nun, was zu tun sei und kommen zu dem Schluss, die Granaten ins Auto einzuladen und zur Polizei zu fahren. Beide sind nun im Auto unterwegs und fahren schon eine ganze Weile, da fragt auf einmal Hilde: »Sag mal Henry, was machen wir denn eigentlich, wenn jetzt eine Granante explodiert?« Henry überlegt kurz und sagt zu Hilde: »Spatz, da sagen wir der Polizei eben, wir hätten nur zwei Granaten gefunden...«

Die kleine Selina ist zum ersten Mal auf einem Bauernhof. Abends sieht sie der Bäuerin zu, wie diese ein Huhn rupft. »Du«, fragt Selina, »ziehst du das Huhn jeden Abend aus?«

Es laufen zwei in der Wüste. Sie laufen und laufen. Eines Tages tippt der eine dem anderen auf die Schulter. Da fragt der: »Wer war das?!«

≡≡> BEN & LASSE <≡≡

sind echt klasse!

Kennst du schon Ben und Lasse, die beiden Brüder,
die spannende Agenten-Abenteuer erleben?
Geh mit ihnen auf Verbrecherjagd und entdecke nebenbei,
was der Glaube an Gott mit deinem Leben zu tun hat.

Jeden Fall von Ben & Lasse gibt es als Buch und als Hörbuch!

Ben & Lasse – Agenten mit zu großer Klappe
ISBN 978-3-417-28763-9

Ben & Lasse – Agenten ohne heiße Spur
ISBN 978-3-417-28774-5

Ben & Lasse – Agenten außer Rand und Band
ISBN 978-3-417-28787-5

Ben & Lasse – Agenten hinter Schloss und Riegel
ISBN 978-3-417-28814-8

Ben & Lasse – Agenten als Piratenbeute
ISBN 978-3-417-28854-5